LES MAILLARD

SEIGNEURS ET BARONS DU BOUCHET, COMTES DE TOURNON, ETC.

NOTES GÉNÉALOGIQUES ET DOCUMENTS

PAR

Auguste DUFOUR

Général d'artillerie en retraite, Président honoraire de la Société savoisienne.
d'histoire et d'archéologie, etc.

ÉDITÉS ET ANNOTÉS

PAR

François MUGNIER

Conseiller à la Cour d'appel de Chambéry.,
Président de la Société savoisienne d'histoire et d'archéologie,
Chevalier de la Légion d'honneur,
etc., etc.

CHAMBÉRY

IMPRIMERIE MÉNARD, RUE JUIVERIE, HÔTEL D'ALLINGES

—

1890

AVANT-PROPOS

J'ai occupé, depuis plus de trois années, une partie de mes loisirs à des recherches sur une ancienne famille de la Savoie, dont ce pays et Rumilly, en particulier, ont le droit de s'enorgueillir, les Maillard du Bouchet, de Tournon, etc., etc.

Cette maison a eu dans son sein des illustrations de toutes sortes. Elle a donné à la Maison de Savoie, à laquelle elle s'est dévouée pendant les périodes malheureuses de son histoire, des ministres, des ambassadeurs, des gouverneurs, des généraux. On trouve dans cette lignée des chevaliers de l'Ordre de l'Annonciade, des chevaliers de Malte. Un de ses membres les plus illustres a été le cardinal Charles-Thomas de Tournon, patriarche d'Antioche, commissaire-légat du Pape dans les Indes-Orientales, qui fut, en Chine, victime de son zèle apostolique et de l'hostilité des Jésuites, puissants à la cour de Pékin.

Les filles ont été alliées aux meilleures familles nobles de la Savoie et du Piémont :

4

les Lornay, les Bellegarde, les Châtillon, les Menthon, les Murat de la Croix, les Alfieri, les Cacherano, les Cortemiglia, les Dal Pozzo, etc.

Les Maillard se sont fait gloire, à juste titre, d'avoir essuyé bien des revers et d'avoir perdu leurs biens pour suivre la fortune de leurs princes, notamment du malheureux Charles III, ce qui a été reconnu par Emmanuel-Philibert, lorsqu'il eut récupéré ses Etats par le traité de Saint-Quentin, en 1559. Il récompensa Pierre Maillard, son maître d'hôtel, en lui donnant une partie de la baronnie de Chevron, et, dix ans après, en l'élevant à la dignité comtale.

Grillet, qui a consacré dans son dictionnaire (1) un article aux trois principaux personnages de cette maison : Pierre, gouverneur général du duché de Savoie; Prosper, qu'il croit frère de Pierre, et le cardinal, article qui contient des erreurs, fait remonter, sans preuve bien entendu, cette famille au xiie siècle. Quant à moi, ce n'est qu'au xive siècle, en l'an 1300, que j'ai pu faire commencer sa généalogie à l'aide de documents certains. Le premier qui y figura est un AIMON Maillard, damoiseau, seigneur du Bouchet. Le sixième, PIERRE, fut le premier comte de Tournon, en 1569. Le huitième

(1) *Diction. histor.,* tome III, page 247.

sur le tableau généalogique, Henri, époux
de Charlotte d'Urfé, a été le premier marquis
d'Alby. La famille s'est éteinte, en 1819, par
la mort, sans enfants, de Félix-Jean-Henri.

Au xvie siècle, la famille habitait la Savoie
et plus volontiers la ville de Rumilly; mais aux
siècles suivants, elle fixa sa résidence à Turin,
tout en faisant encore de fréquents séjours
à Rumilly. C'est alors que se produisirent
les alliances avec des dames piémontaises.

Les armes des Maillard sont, d'après l'*Indice armorial* de Bresse, de Guichenon : *D'azur à un albanais d'argent becqué et membré de gueules.* Besson, dans son armorial manuscrit, donne pour cimier *une licorne d'argent* et pour supports *deux licornes de même,* et la devise : esse quam dici. Ces armes ressemblent à celles de la ville de Rumilly, que les héraldistes blasonnent quelquefois de *gueules à l'albanais d'argent becqué et membré d'or.*

J'ai eu à ma disposition les archives de la
famille, à l'aide desquelles et avec les documents trouvés à la Chambre des Comptes et
aux archives de Cour, à Turin, j'ai pu dresser
un tableau généalogique que je crois complet, et réunir des pièces authentiques nombreuses, dont quelques-unes méritent d'être
publiées et dont les autres seront seulement
mentionnées à leur date avec de courts
détails.

NOTE

―――

M. François Rabut, à qui son ami, M. le général A. Dufour, avait adressé les manuscrits considérables formant la généalogie, avec pièces à l'appui, de la famille Maillard, de Rumilly, a bien voulu nous les transmettre en nous chargeant de les éditer.

Les matériaux historiques que nous avions préparés de notre côté sur cette famille, notre connaissance personnelle des localités citées dans les titres reproduits ou analysés seulement, nous ont permis d'accepter cette mission.

Sans rien omettre d'essentiel ou d'important, nous avons restreint en beaucoup d'endroits le manuscrit de notre bien regretté président honoraire ; nous avons supprimé la plus grande partie des documents, nous bornant à les traduire en français dans de courts extraits, qui en contiennent toutefois la substance ; nous avons enfin ajouté quelques renseignements nouveaux et quelques notes que nous avons mis entre guillemets, afin d'en conserver la responsabilité.

La maison des Maillard existe encore à Rumilly, dans la Grand'Rue. Elle est flanquée au nord d'une tour carrée, peu élevée mais d'un joli caractère. Elle fut sans doute élevée par Pierre Maillard, lorsque, ayant été chargé de surveiller la construction du fort de l'Annonciade et d'en être le commandant, il vint se fixer à Rumilly (GRILLET, *Dict. hist.*, t. III, p. 248). Dans l'église, une pierre tombale rappelle le souvenir de cette famille. Nous avons recherché les œuvres historiques et poétiques que Grillet attribue à Prosper Maillard ; nous avons le regret de ne les avoir pas retrouvées.

François MUGNIER.

MAISON MAILLARD DE TOURNON, DE RUMILLY

I.

AYMON

Damoiseau, seigneur du Bouchet.

Aymon vivait en 1300.

« Les Maillard sont habituellement, dans les chartes rumilliennes, appelés Maillardi, *alias* Perrini, ou *vice-versâ;* mais ils ne sont jamais, avant le XVIe siècle, qualifiés *damoiseaux,* ni surtout *seigneurs du Bouchet.* Nous avons trouvé Aymonet, soit *Aymon* Perrin et son frère Mermet faisant don d'un emplacement à l'hôpital de Rumilly, le 10 novembre 1338.

« Cet Aymon Perrin est sans doute l'Aymon cité par M. Dufour.

Le 7 novembre 1360, noble Guillaume ou Vuillerme Perrin, de Rumilly, fait son testament et donne à l'hôpital 2 sols genevois de rente, pour acheter du bois destiné au chauffage des pauvres. Il est appelé *miles*, écuyer.

En 1367, Monin Perrin, sans qualificatif, est

l'un des syndics de Rumilly. En 1377, nous trouvons encore Monin Perrin.

En 1388, Aymon Perrin est, de nouveau, l'un des syndics de Rumilly (1). »

(1) Voir ces actes ou leur analyse dans notre *Corps des Fondations pieuses en faveur de l'église et de l'hôpital de Rumilly*. Rumilly, impr. A. Ducret, 1889, in-8°. — *Aymon* et *Monin*, diminutif d'*Aymonin*, paraissent être le même prénom.

II.

JEAN I"

fils d'Aymon, seigneur du Bouchet (1).

11 août 1342. — Jean est nommé présent à l'acte d'hommage passé par Nicod, seigneur de Montfort, à Aimon, comte de Savoie.

(Pourpris historique.)

26 avril 1376. — Reconnaissance en sa faveur d'une maison et pré à Rumilly.

« Le 23 juillet 1388, Jean Perrin, *alias* Maillard, est témoin dans un acte passé dans l'église de Rumilly en faveur du clergé qui la dessert. »

(Corps des Fondations pieuses de Rumilly.)

13 Juin 1411. — Jean Ier, fils d'Aimon, fit son testament par lequel il institua Pierre et Jean II, ses deux fils, ses héritiers universels, par égales part et portion ; et cas advenant, ajoute-t-il, que l'un des deux vienne à mourir sans enfants, il lui substitue l'autre.

Or, Pierre, qui s'était marié à Béatrix de Lornay, était mort sans enfants, après avoir, le 25 février 1460, et sans se préoccuper de la clause testamen-

(1) J'aurais commencé cette généalogie par Jean I", si je n'avais trouvé, dans un extrait ou catalogue des papiers appartenant à la famille Maillard (inscrit sous le n° 59), que ce Jean I" était fils d'Aimon et que cet Aimon vivait en 1300.

(Note de M. Dufour.)

taire de son père, institué Béatrix de Lornay, sa femme, son héritière universelle. De là procès.

Dans l'intervalle, Jean II, le frère de Pierre, vint à mourir (1446), et de son mariage avec Claudine de Bollimieux (1420), il laissa un héritier dans la personne de son fils Jean (III) : ce fut donc à lui que dut s'adresser la veuve, Béatrix de Lornay, pour avoir sa part : *Petebat et requirebat sibi dividi et divisionem fieri per eumdem nobilem Johannem Malliardi de hereditatibus.....*

Ce fut alors que, par une transaction passée le 17 septembre 1463, la veuve Béatrix de Lornay et Jean III Maillard, son neveu, se mirent d'accord et firent un traité qui mit fin à ce scandale : *Tandem dicte partes volentes et cupientes futura scandala et pericula ac omnem rancoris et odii materiam amputare..... transigerunt.....*

Les parties renoncèrent à leurs prétentions réciproques, moyennant l'engagement que la veuve prit de vivre dans la maison de son neveu qu'elle traiterait comme une mère traite son fils, et celui du neveu de traiter sa tante comme une mère, de lui fournir toutes les choses nécessaires à son existence, suivant sa condition, et de lui payer en outre 4 florins petit poids par an pour ses menues dépenses.

L'acte est passé à Rumilly, dans la chambre occidentale de la maison de N. Jean Maillard, en présence de D. Jean de Lornay, docteur en décrets, prieur de Lovagny, de nobles Pierre de Myonnaz, Pierre de Charansonnex, etc.

3 septembre 1424. — Obligation pour Pierre Perrin, *alias* Maillard, et pour son frère Jean, de la somme de 23 florins pour compte final, passée par Pierre Baptendier, notaire d'Albens, reçue par le notaire Excallandy.

Le 15 décembre 1442, D. Pierre Barbier chapelain, recteur de la chapelle de la Maladière de R. (1) donne quittance, devant le notaire Excallandi à N. N. Pierre et Jean Maillard, oncle et neveu, de la somme de cent sols genevois léguée autrefois par N. Jean Maillard, père de Jean, à cette maladière. L'acte est passé à R. dans la maison de François Charvier, en présence de D. Pierre Joly, chapelain, etc.

---

(1) Cette *Maladière* ou Maladrerie était située à l'extrémité du hameau de Martenex, au midi et à deux kilomètres et demi de Rumilly.

III.

JEAN II MAILLARD

frère de Pierre, seigneur du Bouchet.

En 1420, Jean II, fils de feu N. Jean Maillard et frère de Pierre Maillard, épousa demois^le Claudine de Bollimieu, sœur de Henri de Bollimieu (1).

Il eut de ce mariage :

1° Jean III Maillard, marié à Jeanne de Lornay (1446) ;

2° Jacquemette Maillard, mariée à Pierre de Dons (1456).

Jean II étant décédé, sa veuve épousa Humbert, fils de Jean de Fessigny (Fésigny) ; un procès s'éleva entre elle et son mari, d'une part, et N. Pierre Maillard, tuteur de Jean III, fils de Jean II. Le second mari réclamait 100 florins d'or bons, p.p. constituée en dot à Claudine lors de son premier mariage, par Henri de Bollimieu, son frère, et par Arthaud Mathi, son grand-père maternel.

––– –––

(1) « Il faut lire de *Billiemoz*, Billième, commune du canton d'Yenne.»

IV.

JEAN III MAILLARD

*Fils de Jean II et neveu de Pierre ; seigneur du Bouchet.
— Ministre d'Etat sous la régence de Blanche de
Montferrat, duchesse de Savoie, veuve de Charles Ier
et mère de Charles-Jean-Amé, ducs de Savoie.*

19 février 1438. — Albergement passé par
nobles Pierre et Jean Maillard, oncle et neveu,
d'une pétiole de terre, pour 4 florins d'introge, sous
le servis de 9 deniers et sous condition d'écheute
à Aimon Rondelet, de Broyse (hameau de R.),
reçu par Me Excallandy.

23 février 1456. — Mariage entre noble Pierre
de Dons et demois^{le} Jacquemette Maillard, sœur
dudit Jean III Maillard (1).

Quod cum tractatum et loquutum fuerit de matrimonio contrahendo inter nobilem Petrum de Dons ex una et
nobilem Jacquemetam filiam quondam nobilis Johannis Malliardi de Rumilliaco partibus ex altera....., etc.

Comme on le voit par le texte du contrat de
mariage que nous rappelons ici, noble Pierre de
Dons avait demandé et obtenu de noble Jean de
Maillard, Jacquemette, sa sœur, en mariage.
Ce Jean de Maillard promettait, à cette occasion,
de donner en dot la part qui lui était échue en

(1) « En ~~1548~~ 1458, un *Maillardi* était secrétaire ducal. (*Comi-
tiorum pars prior*, col. 1247, in *Monumenta Patriæ.*) »

héritage de ses parents, Jean Maillard et Claudine de Billiemoz (1), 700 florins petit poids, chaque florin calculé à 12 deniers gros, bonne monnaie en cours dans le duché de Savoie, s'engageant à en payer 300 à la prochaine Pentecôte, 300 l'année suivante à la même époque, et ainsi de suite jusqu'à l'entier payement. A cette dot, de Dons Pierre voulut, suivant l'usage et l'habitude du temps, faire un augment et promit d'y ajouter 150 florins.

L'acte fut passé à Rumilly, dans la maison de Jean Maillard, soit de son oncle Pierre, en présence de François de Verbouz, Claude d'Arloz, etc., par le notaire Jacques Milliet, de Rumilly.

11 décembre 1461. — Quittance pour N. Jean de Maillard, de la somme de 77 florins pour complément de la dot de Jacquemette, sa sœur.

16 février 1466. — Mariage entre noble Jean Maillard et demois^le Jeanne de Lornay (2).

Jean Maillard, dix ans après le mariage de sa sœur, épousa Jeanne, fille de feu noble Pierre de Lornay. A cette occasion, Jean de Lornay, oncle, Jeannette de Charvo, mère, et Louis, frère de la future, ce dernier, au nom encore de son frère Amédée, promettent de lui donner en dot 800 florins, s'engageant à en payer 200 à la Pàques prochaine, et ainsi de suite jusqu'à entier payement. Quant au trousseau, ils ne fixent aucune somme, seulement

(1) « Ici, il y a bien *Billiemoz*. »
(2) Document n° 1.

ils s'engagent à lui fournir tout ce à quoi elle peut avoir droit pour être vêtue et habillée d'une manière honorable et suivant sa position. L'époux, suivant l'usage, fait un augment de 400 florins.

Cet acte fut passé à Cholex dans la maison-forte des nobles de Lornay, en présence de témoins et par le notaire Jacques Ronzier, de Rumilly.

Il eut de ce mariage :

1° Jacques de Maillard, qui suit ;

2° Amé de Maillard, écuyer de Charles II, duc de Savoie (1) ; il mourut sans alliance ;

3° Nicolas de Maillard, abbé et prieur de Rumilly (d'Aulps ?) ; »

4° Jeanne de Maillard, mariée à Claude de Charansonnay ;

5° Antoinette de Maillard, mariée à Pierre de Chavannes.

28 février 1472. — Quittance reçue par Me Blanchet, en faveur de Jean fils du susdit Jean, de 90 florins, passée par les Rds chapelains de l'église de Rumilly, pour les legs à eux faits par ses ancêtres.

9 juin 1483. — Autre quittance en faveur dudit Jean, reçue par Me de la Croix, de 16 florins, 8 sols, passée par le recteur de l'hôpital de Rumilly pour un legs, fait audit hôpital par Pierre, son oncle.

1483. — Permission du Pape pour noble Jean Maillard, seigr du Bouchet, d'avoir un autel pour y faire célébrer la Ste messe.

(1) Document n° 2.

1489. — Jean Maillard nommé ministre d'Etat sous Blanche de Savoie.

20 septembre 1498. — Vente de quelques rentes et servis avec direct domaine, reçue par M⁰ Milliet et passée par dame Jeanne de Lornay veuve, mère et tutrice d'Amed, Nicolas et Jacques, ses et dudit Jean enfants, en faveur de noble Claude de Charansonnay (1).

24 avril 1503. — Nicolas, fils dudit Jean, par son testament du 24 avril 1503, reçu par M⁰ Milliet, a fait une fondation et a nommé ledit Jacques, son frère, son héritier.

21 février 1511. — Par son testament du 21 février 1511, reçu par M⁰ Blanchet, Amed, fils dudit Jean, a fait une fondation et a nommé ledit Jacques, son frère, héritier universel.

« Ces ventes et testaments sont tous passés à Rumilly. »

––––––––

(1) « La tour du château de Charansonnex est encore debout. On l'aperçoit de la gare de Bloye, au couchant ; 4 kilomètres *sud* de Rumilly. »

V.

JACQUES MAILLARD

Seigneur du Bouchet, — Ecuyer de Charles.

21 septembre 1501. — Acquis en faveur de Me Heustache Monon (1), curé de Moye, de quelques servis avec le direct domaine, pour 24 florins, des nobles Amédée, Nicolas et Jacques Maillard, reçu par Me Milliet.

31 juillet 1515. — Mariage entre noble Jacques de Maillard, écuyer, seigr du Bouchet, et demoiselle Aymée de Châtillon, fille d'Aymé de Châtillon, écuyer, seigr de Châtillon en Chablais et de Montrose, et de Louise de Bellegarde.

Il eut de ce mariage :

1° Pierre de Maillard, qui suit ;

2° Jean-Philibert de Maillard, chevalier de Rhodes, puis prieur de Talloires, ensuite abbé et prieur de Notre-Dame de l'Aumône, à Rumilly (2) ;

3° François Maillard, abbé d'Aulps, prieur de Rumilly (3) ;

4° Claudine Maillard, femme de François-Philibert de la Fléchère ;

(1) Les nobles *Monon*, de R., étaient parfois dits : alias *Perrin*.

(2) « Le prieuré de N.-D. de l'Aumône était un bénéfice minuscule situé à R. et desservi par les religieux du Saint-Bernard. Jean-Philippe Maillard l'avait en commende. »

(3) « Il était aussi prieur de Contamine-sur-Arve, en 1561.»

5° Louise Maillard, religieuse à Mélan en Savoie ;
6° Jeanne, et 7° Philiberte Maillard, mortes
jeunes.

3 janvier 1519. — Hypothèque en faveur de
noble Jacques Maillard, sur un clos en vignes,
pré, etc., jusqu'à plein et entier paiement de la dot
de dem^lle Aimée de Châtillon, son épouse, qui est
de 1,000 florins ; acte reçu à Evian par Mes Plat
et Humbert de Molario, notaires ; consenti par
Louise de Bellegarde, veuve d'Aymon de Châtillon, et par ses fils Pierre et Jean-François.

28 juillet 1525. — Reconnaissance passée par
noble Jacques, fils de Jean Maillard, pour raison
des biens qu'il tient se mouvant du fief de
S. A., à cause de son château de Rumilly (1).

6 août 1537. — Rachat pour N. Jacques Maillard d'une coupe de froment pour 6 écus, de
Me Henri Gaillard, reçu par Me Bochey.

1er juin 1542. — Jacques Maillard, écuyer, seigneur du Bouchet, prête hommage de fidélité au
roi de France (2).

21 février 1545. — Testament de Jacques
Maillard (3).

1° Fait différentes aumônes et cela à la discrétion de Rév^d seig^r Nicolas Maillard, prieur du

_____

(1) Document n° 3.
(2) « La Savoie était devenue française en février 1536. »
(3) Document n° 4.

prieuré de Rumilly, son frère, et de Rév^d seig^r François Maillard, son fils.

2° Assigne, oblige et hypothèque à noble Aymée de Châtillon, sa femme très chère, pour 800 escus d'or sol, qu'il confesse avoir reçus pour la dot de sad^e femme ; plus oblige et assigne led^t testateur pour la mansion et demourance d'icelle sa vie naturelle durant.

3° Donne et lègue à Jeanne, sa fille, outre la jouissance de quelques rentes, 600 florins quand elle sera en âge, soit qu'elle se marie, soit qu'elle entre en religion.

4° Donne à Louise, sa fille, religieuse à Mélan, une somme de 30 sols, outre ce qu'il lui a donné à son entrée en religion.

5° A Claudine Maillard, sa fille, femme de noble François de la Fléchère, une somme de 60 sols monnaie Savoye, outre sa dot, et autre chose à elle donnée lors de son mariage.

6° A noble Berthe (soit Philiberte) Maillard, sa fille, la somme de 2,000 florins, plus les habillements convenables à sa qualité.

7° A Rév^d François Maillard, son fils, prestre, une somme de 25 escus d'or au coing du Roi, plus une chambre pour son habitation et demourance.

8° A noble Pierre Maillard, son très cher fils, en prérogative et outre sa portion, une pièce de terre de 14 journaux au territoire de Curdie (faubourg ouest de Rumilly).

9° En tous et chascun des autres biens, institue ses héritiers universels noble Pierre Maillard son fils et noble Jean-Philibert Maillard aussi son fils, pour la moistié chacun.

« Jacques Maillard ne survécut pas longtemps à son testament, car il était déjà décédé le 10 octobre 1545. Ce jour-là, son fils Jean-Philibert, entrant au prieuré des Bénédictins de Talloires, cède à son frère Pierre, qui n'est encore revêtu d'aucune charge (1), tous ses droits dans la succession paternelle, moyennant l'engagement que prend Pierre Maillard de lui servir une pension viagère de 50 florins d'or p.p. de 12 sols l'un ; mais seulement jusqu'au moment où Jean-Philibert sera pourvu d'un bénéfice ecclésiastique ou d'une pension de 50 florins.

L'acte est passé au prieuré de Talloires, dans la grande salle de la maison de la *sacristanie*, en présence de R^ds M^res Clair de Loys Allardet, abbé de Filly et doyen de Savoie, Angelloz de Bellegarde, doyen de N.-D. d'Annecy, de N. et puissants seigneurs Pierre de Menthon, s^r de Lornay, François de Beaufort, seig^r du Bois, Pierre de Mornex (*de Morgenex*), seigneur dudit lieu, N^es François de Chavanes, Antoine Regard, n^ble seig^r Donat de la Croix, sacristain du prieuré, et Mre Vitoz, curé de Talloires, Dingy et Villy le Bouveret, témoins requis, etc. ; l'acte est reçu par les notaires Louis Machet et Michel Mestral.

(1) Il est qualifié simplement de *sieur du Bouchet*.

Nous arrivons à Pierre Maillard, le fondateur de la fortune de la famille.

Il semble qu'il était déjà à la cour du duc Charles III, en qualité de page, lorsqu'en février 1536, François Ier s'empara de la Savoie. Pierre Maillard, comme beaucoup d'autres nobles savoyards, fut fidèle à son souverain. Il fit la guerre avec lui et fut bientôt attaché à la personne du prince Emmanuel-Philibert, avec qui nous allons le trouver dans les Flandres. Il suivit, du reste, l'exemple d'un autre Rumillien, François Portier, seigneur de Mieudry, conseiller et majordome de Charles III, qui, en 1541, l'envoya à la diète de Spire (1). »

---

(1) « Les patentes données par Charles III à François Portier sont du 11 novembre 1541 ; il reçut en même temps une instruction générale pour le guider dans la recherche des moyens qu'il conviendrait au duc d'employer pour recouvrer ses Etats. (BIANCHI : *Le Materie politiche relative all'estero, degli Archivi di Stati piemontesi,* p. 216 et 745.) »

VI.

PIERRE II MAILLARD

Seigneur du Bouchet, — Page de S. A. le duc Charles III, — Maître d'hôtel, — Conseiller d'Etat, — Chambellan de S. A. le duc Emmanuel-Philibert, — Baron du Bouchet, — de Checron, — Comte de Tournon, — Gouverneur de Savoie, — Surintendant du fort de l'Annonciade, — Chevalier de l'Ordre de l'Annonciade.

2 juillet 1545. — Acquis pour noble Bartholomé Salteur d'une petite rente,· rière le Bouchet, de noble Pierre Maillard, reçu par Me de la Marche (1).

1er mars 1548. — Quittance pour noble Bartholomé Salteur du laod de l'acquis par lui fait des moulins du Bouchet de noble Pierre Maillard, reçu par Me Divonne.

« Ces deux ventes semblent indiquer que Pierre Maillard était obligé d'aliéner ses biens pour subvenir à ses dépenses auprès de son prince. »

4 avril 1554. — Pierre est présent à l'hommage prêté à Bruxelles à S. A. le duc Emmanuel-Philibert par Siméon de Locarne, au nom de seig^r Alexandre de Scalies pour le fief de Verrue, près de Crescentino.

(Protocole du not. Michaud.)

---

(1) « Jacques, son père, était donc mort à cette époque. *Le Bouchet,* petit hameau à 1,500 mètres O. de R. »

In nomine domini amen..... Actum in oppido
Brucellarum in domo magniffici domini vuolfandi
haller magistri hospitii serenissime Regine hun-
garie in qua domo hospitatur infrascriptus Illmus
dominus, dominus dux, videlicet in aula ante-
riori ipsius domus a parte orientali, presentibus
ibidem magnifficis dominis Jo. Thoma ex comiti-
bus stropiane apud Cesarem pro ipso domino duci
legato..... et *Petro Magliardi* domino de Bochet
magistro hospitii ipsius domini ducis testibus.....
Universis sit manifestum quod cum contigerit.....
illmum dominum Carolum Sabaudie ducem ab
humanis discedere, absente illmo domino domino
Emanuele Philiberto eius unico filio et in ducatu
Sabaudie et principatu pedemontium legitimo
successore, cui infra annum erat prestanda fide-
litas..... ob quod decreverit magnificus dominus
Alexander filius magnifici domini Gilardj de
Scaliis dominus verrue procuratorem destinare
ad ipsam fidelitatem jurandam, videlicet specta-
bilem dominum Simeonem de Locarno.....

« En 1554, Pierre Maillard, qui n'était connu
que sous le nom de *sieur du Bouchet*, fut nommé
ambassadeur d'Emmanuel-Philibert au congrès
de Cercamp. Il exerçait aussi des fonctions à
Bruxelles, et la lettre suivante de l'évêque d'Arras (plus tard cardinal de Granvelle), semble
indiquer que sa familiarité avec des prisonniers
français y avait excité les soupçons de la popu-
lace. L'évêque craignait qu'il ne lui arrivât quel-

que aventure fàcheuse et il conseilla au duc d'envoyer du Bouchet en Italie.

Arras, le 24 septembre 1554.

.   .   .   .

D'advantaige entens-je que la murmuration contre Bouchet continue très fort encoires que pour moy je tiens pour certain que ce soit à tort, vous sçavez ce que je vous en ditz avant que partir de Bruxelles ; Sur quoy vous me dictes que regarderiez de avec *(avoir)* quelque occasion l'envoyer en Italie et je crois qu'il est encoires pres de vous et certes il sera bien vous y pourvoyez sans scandale ; ny que le dit Bouchet pour non le destourner de l'affection qu'il a à sa majesté impériale et à vous scache le pourquoy. Une chose entre aultre accroist le soupson du peuple contre luy c'est la communication qu'il a heu et retient contre un maistre d'hostel du visconte de Martighes que si long temps s'est entretenu en Bruxelles quoy que l'on eut parlé au contraire et mesmes à vous ; et dit t'on qu'il est encoires au dit Bruxelles et libre, et le tient t'on pour l'un des grands espie que les Français aye par deça et tiens que sans votre respect l'on se fut jà attaché (attaqué) à sa personne et quant à moy pour effacer tout soupson et contenter je jugeraye à correction de votre Altèze que le mieux serait envoyer le dit Bouchet en Italie et que comme de vous mesmes vous avertissiez la royne que l'on fit prendre le dessus dict maistre d'hostel que l'on appelle Sailly, afin qu'il soit gardé comme prisonnier de guerre, afin que le laissant libre l'on ne luy donne moyen de faire chose que tourna au desservice de sa majesté et de ses pays. Vous suppliant

de prandre mes advertissements comme mérite la since-
rité de mes intentions, etc. (1) »

10 décembre 1554. — Pierre Maillard est présent à l'hommage prêté à Bruxelles à S. A. le
duc Emmanuel-Philibert par Claude Malopère,
au nom du seigneur Charles-François de Balbis ,
pour le fief de Quart.

(Protocole du notaire Michaud.)

10 juillet 1555. — Donation faite par S. A. à
Pierre Maillard des biens possédés à Chevron par
François de Beaufort, frère et héritier du seigneur
de Rolle, et confisqués à cause de sa trahison et
de ses méfaits au profit du trésor ducal.

(Contr." fin" Piémont, volume 9, page 17.)

Emanuel Philibertus... quapropter cum plane ad
liquidum edocti sumus qua fide, studio et observantia
antiquissima malliardorum familia retrodivos principes
maiores nostros semper coluerit quippe que supra
quadringentos annos militiarum jure seu feudis que dici-
mus ab ipsis maioribus ob preclara merita donata fuerit
insignesque viros permultos habuerit non minus pacis
artibus illustres quam bellica laude prestantes, ex quibus nunc extat magnifficus beneque nobis dilectus fidelis consiliarius Petrus maillard dominus bocheti qui
apud, pie memorie, dominum et genitorem nostrum a
cunabulis educatus avite laudis emulus cum iis turbu-
lentissimis belli temporibus nullum studii et officii genus
pretermittere conténdit maximam rei familiaris jactu-

(1) *Miscellanea di Storia patria*, XIX, p. 435. « Nous
avons corrigé légèrement la *lecture* suivie dans cet ouvrage.»

ranı faciendam ac gravissima quecumque incommoda subeunda potius sibi esse statuerit quam vel fidem suam deseruisse vel de officio tantitum dessisse videri possit. Qua ex re consequutus est ut *jam ante biennium in con-siliarium ac hospitii nostri magistrum eum cooptaue-rimus.* In quo munere ea prudentie probitatis integri-tatis moderatique animi documenta dedit ut meritò eum charissimum habeamus.

Proinde cum bona Johannis Amedei de Belloforti domini salaginis et cheuroni jamdudum et illius non tantum prodicionis ac rebellionis et fellonie manifestum reatum quam ob scelera permulta... erario et fisco nos-tro adjudicata... illa eidem benedilecto petro maillard domino bocheti consigliario et magistro hospitii nostri condonare censuimus.

« On voit, par ce document, que Pierre Maillard n'était majordomo ou maître d'hôtel du duc que depuis un peu plus de deux ans.

Emmanuel - Philibert employa Maillard aux négociations qui précédèrent la bataille de Saint-Quentin. Le 10 novembre 1558, il le chargea de le disculper auprès de la princesse Marguerite de France, sœur de Henri II, du bruit qui avait couru de sa renonciation à demander sa main, afin d'é-pouser la fille du roi. Dans sa correspondance avec l'évêque d'Arras, le duc fait des recommandations semblables.

10 novembre 1558. — Lettre d'Emmanuel-Philibert à M. du Bochet.

« Amé et féal, ce matin tant seulement avons « receu la lettre que nous escripvites du VIIᵉ de

« ce moys et ensemble sommes esbay et malcon-
« tent qu'elle soit venue si lentement de crainte
« que la tardiveté de la responce ne soit attribuée
« a nostre nonchaloir... Nous sommes mortifié
« pour ce que le dit cardinal *(de Lorraine)* vous
« a mandé que Madame Marguerite demonstre
« avoir doute que soyons mal volontiers asseuré
« au mariaige qui s'est propousé entre elle et nous
« par la raison des paroles que furent tenues de la
« fille du Roy sa niepce.... Véritablement l'ins-
« tance de l'une n'a point esté en mepris de l'aultre
« laquelle dès lontemps et souventes fois, vous en-
« tre aultres, avez oui priser et celebrer ainsy que
« convient.... desquelles vertus nous faisions si
« grand compte que nous estimerions à bonheur
« si Dieu nous donne une telle partye et croyons
« certainement, la mocquerie à part, qu'il nous
« adviendra ce dont tant de fois nous avez adverty
« assavoir que laisserons gouverner à la femme.
« (SAINT-GENIS, *Hist. de Savoie*, III, p. 479.) »

« Le duc courait plusieurs lièvres à la fois. Il
avait chargé Bouchet de parler au Congrès de Cercamp d'un mariage avec Elisabeth Tudor. Les
envoyés français ayant objecté qu'elle était héré-
tique et bâtarde, Pierre Maillard répondit qu'elle
se convertirait et que la couronne d'Angleterre
légitimerait tout (1). Heureusement, ces divers

(1) RICOTTI. *Storia della monarchia piemontese*, II, p.
86 ; d'après une lettre de P. Maillard du 17 novembre 1558,
aux archives du royaume d'Italie à Rome. *Lettres ministé-
rielles ;* France.

projets n'aboutirent pas. Emmanuel-Philibert épousa Marguerite de Valois, qui, si elle n'avait pas la beauté et n'était plus jeune, possédait les meilleures qualités du cœur et de l'esprit. Brantôme l'a nommée *la bonté du monde*. Elle mourut le 15 septembre 1574. »

27 novembre 1558. — Permission et sauf-conduit accordés par le roi Henri II à P. Maillard, pour aller de Bruxelles à Metz en Lorraine, tenir sur les fonts baptismaux, au nom du duc de Savoie, l'enfant (1) du comte de Vaudemont. La permission l'autorise à voyager avec ses serviteurs et chevaux, au nombre de huit ; elle est valable pour trois mois. En arrivant, Maillard devra se consigner au sieur de Vieilleville, lieutenant du roi à Metz.

« En mars 1559, Pierre Maillard travaille avec le comte de Stropiana et l'évêque d'Arras à la paix de Saint-Quentin. Granvelle informe le duc de la difficulté des négociations en ce qui concerne la restitution des Etats de Savoie et de Piémont.

« Cambresis, le 16 marzo 1559.

« Monseigneur, — Le compte Stropiana m'a ce jourdhuy apres disney donné les lettres de V. A. escriptes hier. Et m'a esté singulier plaisir de le veoir et le maistre d'hostel Bouchet et le dit conte

(1) « Cet enfant, fils de Nicolas de Lorraine, fut appelé Philippe-Emmanuel ; sous le nom do duc de Mercœur, il fut un des chefs de la Ligue.»

vienne si particulierement instruyt sur tous les points de l'intention de V. A. Je leur ai donné à tous deux et au président d'Ast en présence de Monsr le prince d'Oranges le bon succès et encheminement desquels j'ay toujour désiré... Nous y trouvons les Français durs comme ils sont en aultres points. V. A. cougnoistra que nous ne sommes icy les bras croisés... (1) »

« Les envoyés du duc de Savoie à Cateau-Cambrésis avaient été Thomas Langosco, comte de Stropiano, François Chacherano d'Osasco et Pierre Maillard (2).

Emmanuel-Philibert quitta, le 15 juin 1559, les Pays-Bas pour revenir dans ses Etats qui lui étaient enfin restitués. Il était accompagné de cent cavaliers, gentilshommes, pages et serviteurs. Pierre Maillard, son maître d'hôtel, était parmi les premiers (3). »

3 novembre 1560. — Pierre Maillard est nommé

---

(1) « *Miscellanea di Storia patria*, T. XIX, p. 435. Le traité de Cateau-Cambrésis fut signé le 3 août 1559. Granvelle entremêle sa correspondance de mots italiens et espagnols. »

(2) « Les plus habiles négociateurs d'Emmanuel-Philibert furent bientôt les Savoyards Odinet de Montfort, Balthazard de Ravorée, ou de Ravoire, seigneur de la Croix et le maître des requêtes, puis président Lambert, qui fut appelé aussi seigneur de la Croix lorsqu'il eut acheté ce fief des *Ravoire* ou *Ravorée*. RICOTTI, *passim*. »

(3) RICOTTI, *loc. cit.*, p. 100.

gouverneur de la ville de Chambéry, et du baillage de Savoie (1).

(Arch. de la famille.)

1560. — Pierre Maillard épousa, en 1560, Claudine de Bellegarde, dame de Montagni, fille et héritière de Claude de Bellegarde, seign^r de Montagni, chevalier au Sénat de Savoie, et de Charlotte de Saint-Jeoire. Il eut de ce mariage :

1° Emmanuel-Philibert Maillard, né en 1562, filleul du duc ;

12 novembre 1562. — Don à demoiselle Claude de Bellegarde, femme de Mre du Bouchet, gouverneur de Savoie, de la somme de 30 écus d'Italie valant 90 liv. duc. 7 sols pour les frais faits aux battisailles du fils dudit gouverneur que Monseign^r le maréchal de Chalant avait porté baptiser au nom de S. A.

Emmanuel-Philibert Maillard fut fait capitaine de cavalerie à l'âge de 9 ans.

23 may 1571. — Emmanuel-Philibert, duc de Savoie, inctinanz à l'humble requeste que, de ce le comte de Tournon notre cousin nous a faite, en considération de ses mérites et particulière bonne inclination qu'avons à son dict fils notre filleul..... avons remis et remettons audit Emmanuel-Philibert Maillard, baron du Bochet, la compagnie de 50 chevaux-légers de nos ordonnances en Savoye qui étoit audit comte son père.

(1) Document n° 5. « C'est dans cette pièce que l'on rencontre pour la première fois le titre de *chevalier*, donné à Pierre Maillard ; il équivaut sans doute à la désignation latine *miles*. »

Il fut fait chevalier de la religion des SS. Maurice et Lazare en 1573, et mourut sans enfants à son retour de l'Académie de Paris, en 1587 ;

2° Prosper-Marc Maillard, né au mois de mai 1569 ;

3° Jean et, 4°, Thomas Maillard, morts jeunes ;

5° Charlotte-Emmanuele Maillard, mariée à Lancelot Guillet, seign^r de Génissiaz ;

6° Jéromine Maillard, religieuse au monastère de Sainte-Catherine-du-Mont-sur-Annecy ;

7° Béatrix Maillard, abbesse de Neuville en Bresse ;

8° Claudine Maillard, abbesse de Sainte-Claire à Evian ;

9° Anne Maillard, morte jeune.

« 7 janvier 1561. — Lettres de nouvelle constitution d'estat de gouverneur en la ville de Chambéry et ressort de baillage de Savoie.

Le duc y énonce que, dans les premières patentes, il a entendu comprendre dans ce gouvernement les ressorts de Maurienne et de Tarentaise, et qu'au besoin il les y ajoute formellement :

Luy donnant plain pouuoir auctorité et mandement special de poururoir et donner ordre aux choses necessaires et requises pour le faict de la police fortification seureté et deffence de noz viles places et forteresses desdits pays et aux garnisons et viures des gens de guerre, mettre taux aux viures selon la commodité ou incommodité fertilité ou infertilité des anneez et à la moindre foulle et charge de nostre peuple que faire se porra, faire rendre compte par deuant luy aux tresouriers et recepueurs des deniers des estatz et aultres qui ont en charge et maniement des affaires desdits estaz et qui pareillement ont administre les deniers communs des villes mandementz et communaultez de son dit gouuernement et ressort d'icelluy, ouyr clorre et effiner lesdits comptes pourueoir sur la prestation du reliqua assistant touttesfois auec luy ung ou deux de nouz bien amez et feaulx conseillers maistres de nostre chambre des comptes qui se trouueront au lieu et aultres telz qu'il verra veoir et visiter en quel estat sont lesdites villes et places fortes commander et ordonner aux cappitainnes et soldatz qui y sont et seront par cy appres en garnison ce quils auront à faire pour nostre seruice seureté et deffense de nostre dit pays mander et faire venir par deuant luy quand besoing sera les cappitaines gouuerneurs sindictz et administrateurs dicelles villes et places et leur ordonner tout ce qu'il verra appartenir au debuoir de leurs charges et estatz a quoy nous voulons qu'ilz obeyssent et entendent diligemment et aultrement ladite charge et estat auoir tenir et exercer par ledit Maillard seign^r du Bouchet aux honneurs auctoritez preheminences prerogatiues droictz pouoirs et libertez accoustumées et qui y appertiennent et aux gaiges que luy seront par nous ordonnez tant qu'il nous plaira Si donnons en mandement par cesdites présentes a nous amez et feaulx les gens tenantz nostre senat de Sauoye et aultres nous justiciers..... que ledit seigneur du Bochet du quel *nous auons ce jourd'hui prins et receu le serment* requis et accostumé, etc. Donnée, à Verceil (1).

---

(1) « M. du Bouchet avait sans doute éprouvé quelques résistances dans son gouvernement de Savoie, et il s'était

20 janvier 1561. — Lettres de confirmation de
la donation des biens de François de Beaufort :

Emmanuel-Philibert..... entre lesquelz plus affec-
tionnez nous subjects avons cogneu nostre tres cher et
bien amè conseiller d'Etat et chambellan messire
Pierre Maillard chevalier du Bochet, gouverneur de
nostre ville de Chambéry, baillage de Savoie et ressort
d'iceluy lequel..... nous auroit suivy et si vertueuse-
ment et fidèlement se serait acquitté de plusieurs et
grandes charges qu'il a eu de nous, qu'à bonne occasion
et à notre grand contentement le pouvons tenir pour
l'un des plus dévots affectionnés..... et à cette raison
pour l'infidélité et fellonie commise encontre nous par
feu Jean Amè de Beaufort, seig^r de Rolle..... aurions
fait à icelluy Malliard donation de tous les biens dudit
seig^r de Beaufort..... Donné en notre cité de Verceil.....

20 janvier 1561 — Etablissement de gaiges de
650 écus d'or l'année, en faveur de Pierre Maillard, pour son état de gouverneur de Savoie.

25 janvier 1561. — Pension de 400 escus l'année pour services rendus par Pierre Maillard, et
pertes par lui faites.

Emanuel-Philibert...... Et soit ainsi que notre très
cher bien amè et féal conseiller d'Etat et chambellan
Pierre Maillard seigneur du Bouchet dès son infance
ayt toujours seruy tant à feu très illustre prince d'heureuse mémoire le duc Charles..... qu'à nous non-seule-

rendu à la Cour pour les faire disparaître. Le duc ne rési-
dait pas encore à Turin, qui fut occupé par les Français
jusqu'en 1574. »

ment auparavant lesdites guerres et occupation de nous pays ez temps de paix mais aussi durant lesdites guerres avec si grande affection..... que tant plus les temps estoient troubles, calamiteux et dangereux et la fortune à nous entreprises contraire tout plus courageusement nous servait-il de près et mettoit fidèlement et promptement à bonne execution tout ce que de nostre part luy estoit commandé pour notre bien et seruice sans pardonner à l'incommodité de sa personne perte de ses biens danger et péril de sa vie et despuis notre heureuse restitution en nous pays l'ayons employé en plusieurs affaires d'importance..... et spécialement en la charge que nous lui bailliame ceste année dernière passée pour le faict de nostre gabelle de sel en nostre pays de Savoye ..... en laquelle charge..... luy seul avec son industrie et subtilité d'esprit nous en feist accorder meilleure condition à perpétuité et de plus grande somme que nous demandions..... Pour ces causes..... auons audit Maillard..... donné constitué...... une pension annuelle ..... de la somme de 400 écus nostres de chambre..... Données à Verceil..... etc.

19 septembre 1561. — Par lettres données à Rivoles (Rivoli), Emmanuel-Philibert, voulant reconnaître encore plus les bons services de Pierre Maillard, ajoute à son titre de gouverneur de Savoie, celui de son *lieutenant*, pour qu'il puisse, avec plus d'autorité, pourvoir à toutes choses, en tous pays au-delà des monts, excepté en ceux de Bresse, Bugey et Valromey, qui sont sous le gouvernement du comte de Montrevel.

24 septembre 1561. — La Chambre des Comp-

tes de Savoie ayant constaté que les terres de la baronnie de Chevron ne faisaient pas partie du patrimoine ducal, entérine les lettres par lesquelles Emmanuel-Philibert en avait fait don à Pierre Maillard.

« Les faveurs du duc s'étendaient à tous les membres de la famille Maillard. Frère Jacques Tournier, abbé d'Aulps (en Chablais), étant décédé, Emmanuel-Philibert donna cette abbaye à François Maillard *(frère de Pierre)*, bénédictin du petit prieuré de Rumilly, par lettres datées de Verceil le 10 mars 1561, et par d'autres lettres données à Rivoli au mois de septembre suivant, il le présenta à l'approbation papale.

Pierre Maillard avait d'ailleurs eu soin, à la vacance de l'abbaye, de s'en faire nommer économe et gardiateur (L. P. du 20 janvier 1560). Le 15 mars 1563, le duc ordonne au Sénat de Savoie de mettre François en possession des biens, fruits et revenus de l'abbaye. »

19 septembre 1561. — Lettres de don de 9,000 escuz pour M. du Bouchet, gouverneur de Savoie, et en deffault de prompt payement luy est assignée la somme de 450 escuz de chambre annuels.

Emmanuel-Philibert..... comme..... ne cesse jornellement de procurer le bien de nostre service et augmentation de notre patrimoine pour la conservation duquel il a libéralement employé non-seulement ses peines mais aussi plusieurs et grandes quantités de ses deniers en divers voyages qu'il a faits..... Pour ces causes..... avons audit Maillard seigneur du Bochet..... assigné ..... la somme de 9,000 escuz.....

« 13 juillet 1562. — Emmanuel-Philibert donne pleins pouvoirs à Monseig^r Jérôme de la Rovere, son ambassadeur en France, à Pierre Maillard, gouverneur de Savoie, à Louis Oddinet, baron de Montfort, second président du Sénat de Savoie, et à Reynaud Forget, secrétaire ducal, pour résoudre, avec les délégués français, les difficultés nées du traité de Câteau-Cambrésis.

Pierre Maillard revint de la Cour de France, le 16 juillet.

(Materie politiche, p. 232, et RICOTTI, *loc. cit.,* p. 216 et 219.)

21 février 1563. — Suivant Charles - Auguste de Sales (*Pourpris historique, p. 548),* •Pierre Maillard présente François de Sales, seigneur de Boisy, au duc Emmanuel-Philibert, à qui il jure hommage et fidélité (1) en présence des ambassadeurs de Venise, de Catherin Pobel, premier président du Sénat, etc. »

1er mars 1563. — Lettres de constitution de Lieutenance au gouvernement de Savoie, en l'absence dudit Pierre Maillard, pour Me Claude de Bellegarde, seig^r de Montagni, beau–père dudit seigneur du Bouchet.

Le 3 mars 1563, Pierre Maillard achète pour le

(1) Sans doute avec les autres nobles du Genevois.

prix de 500 écus de 3 livres la maison-forte du Bouchet qui lui est inféodée par le duc, sous le titre de *Maison-forte* et juridiction du Bouchet(1).

27 octobre 1563. — Commandement donné par le duc au Gouverneur de Savoie de faire procéder à un nouveau recensement, paroisse par paroisse, des habitants soumis à l'impôt sur le sel.

9 mai 1565. — Rachat, par le seig^r Gouverneur, des moulins du Bouchet, vendus à N. Bartholomé Salteur.

« L'on vient de voir qu'il avait paru nécessaire de nommer un lieutenant au gouverneur de Savoie. Pierre Maillard était en effet souvent absent de Chambéry, ou bien absorbé par des occupations importantes et qui ne lui permettaient pas de veiller à tous les détails de l'administration.

En 1563, 1564 et 1565, il dirigea contre Genève une entreprise qui ne réussit pas plus que ne devait réussir la fameuse *Escalade* de novembre 1602.

Voici comment Thomas de Chantonay (2), ambassadeur de Philippe II à la Cour de France, raconte l'affaire dans une lettre du 25 janvier 1564 :

« Les sujets du duc de Savoie ont fait une entreprise sur Genève, et, d'après ce que l'on dit ici, le maître d'hôtel *Buxet* (Bouchet) est celui qui la dirigea.

Comme il arriva qu'à ce moment une personne de

(1) Voir document, n° 6.
(2) Comte de Cantecroix, frère du cardinal de Granvelle.

qualité avait été chassée de Genève et qu'elle s'en montrait très mécontente, Buxet résolut de l'employer à cette entreprise. Cette personne s'étant excusée depuis d'entrer dans une telle affaire, le dit Buxet pensa qu'il avait commis une faute, et, pour qu'elle ne divulguât pas le complot, il la fit jeter en prison. Mais le prisonnier fit si bien qu'il s'échappa et s'en fut à Genève. Là, il dévoila tout le complot et en dévoila les complices, de manière que les membres du Gouvernement firent tout de suite saisir vingt-cinq ou trente individus ; ils ont fait couper la tête à cinq ou six d'entre eux, au dire de ceux qui les ont vu exécuter, et on continue à faire le procès de ceux qui restent. »

Cette intrigue qu'on a appelée le *Complot des Fugitifs* a été racontée avec détail par M. Francis Decrue au tome XX des *Mémoires* de la Société d'histoire de Genève. Il nous apprend que le gouverneur de Savoie alla voir les conjurés à Bellerive et que plusieurs d'entre eux tinrent avec lui un conciliabule à Chambéry, le 4 décembre 1563. A la suite de cette conférence, Maillard en fit arrêter un, nommé Coster, et le fit conduire au fort de Miolans, d'où il réussit à s'évader dans la nuit du 10 décembre.

Le gouverneur avait eu pendant quelque temps les conjurés à sa solde. Balthasar *Sept,* leur chef, recevait une paye de seize écus par mois et chacun des autres, huit écus. »

19 décembre 1565. — Acquis pour le seig. Gouverneur du château, terres et seigneurie de Mont-

provent pour 7.500 florins de n. Jean Dorlier, reçu par M⁰ Bernardet (notaire de R).

12 février 1566. — La seigneurie de Montprovent est unie à la maison-forte du Bouchet et érigée en *baronnie du Bouchet*, en faveur de Pierre Maillard.

Emmanuel Philibert, etc. Annexons et joignons ladᵗᵉ seigʳⁱᵉ de Montprovent avec ladᵉ juridiction et seigneurie du Bochet.... érigé et érigeons ladᵉ seigneurie du Bouchet en tiltre de Baronnie et laquelle ledᵗ seigʳ du Bochet possédera et ses successeurs soubz le titre et nom de Baron......

Le 11 mars 1566, l'abbé d'Hautecombe, *Alphonse* Dalbene, représenté par son père N. Barthélemy Dalbene, écuyer domestique de la duchesse de Savoie, alberge en fief à Pierre Maillard le pré de *Lormes* situé à Bloye, de 25 seiterées, appartenant à l'abbaye, moyennant l'introge de 300 florins applicables aux réparations de l'abbaye. L'acte est passé à Chambéry dans la maison de François Chabod, seigʳ de Lescheraines, en présence de spectable Pierre Juge, docteur ès-droits juge-mage de Savoie, de n. Galvand de Beaufort de Rumilly, de n. Pierre Chabod, capitaine de Chambéry, et d'égrège François Juge, bourgeois et procureur de Chambéry.

L'acte est dressé par Bernardin David, de Montmélian, not. apostolique, demeurant à Chambéry.

Il avait été précédé le dimanche 10 juin 1566

d'une décision conforme prise capitulairement par tous les moines d'Hautecombe, en présence de n. Amédée, Antoine et Vuillerme Regard de Clermont, etc. L'acte avait été reçu par François Milliet, de Rumilly, clerc marié (*clericus conjugatus*). Tous les religieux d'Hautecombe sont présents, sauf Pierre Borel *jeune* qui est absent pour les affaires du couvent, Ce sont : Boniface Canard (il signe *de Canalibus*), vicaire général et prieur, Pierre Regard, procureur, Jean Bavous, Pierre Cholet, Pierre Bavous, Etienne du Crest, Louis Forestier, célérier, Jean Monet, Antoine Mareschal, Claude Ferrat, Marin de Motte *(de Moto)*, Philippe Avril, Etienne Drujon, Pierre Lancelot et Jean Gonet.

Le 26 août 1566, à Rumilly, dans la *scribanye* du not. François Millet, comparait R^d seigneur Jehan Philibert Maillard, curé de Massingy et prieur du prieuré de N.-D. de l'Aumône près Rumilly, protonotaire. Après avoir rappelé le testament de son père Jacques Maillard, ainsi que son acte de renonciation du 10 octobre 1545, lors de sa prise d'habit au prieuré de Talloires « estant advenu que au porchas et instances du dit chevallier et baron (*Pierre Maillard)* son frère il seigneur prothonotaire seroyt esté fait paisible possesseur de la cure et esglise parrochiale de Massingie et du prieuré de N. D. de l'Haumosne près Rumilly, qui excèdent 150 florins annuels de plus que les 200 florins, que le seigneur baron estoit tenu luy pourchasser par le dit testament » il ratifie en tant que de besoin la quittance qu'il a faite à son frère de tous droits dans la succession de tout membre de leur famille.... Fait en présence de Don Pierre Regard, religieux d'Hautecombe, nobles Guillaume Regard son frère et Heustache Salteur, seigneur de la Salle.

Le 30 mai 1568, Pierre Maillard est délégué avec Louis Oddinet, baron de Montfort, président au Sénat, Réné de Lyobard, seigneur de Chastelard, sénateur, Michel de Villette, baron de Chevron et Gauvain de Beaufort, seigneur de Rolle, agent du Duc en *Souïsse* pour traiter à la *journée* qui se tiendra à Nyon, à la fête de Pentecôte avec les seigneurs évêque, baillif et les sept dizainiers du Valley.

« Le 4 juin suivant, ils reçoivent une seconde délégation pour informer sur les *injures et excès* que le seigneur de Villagrand a commis à Nyon contre le ministre de S. A. (Gauvain ou Galvand de Beaufort ?) »

(Materie politiche, p. 236.)

Le 14 août, une délégation semblable à la première est donnée aux mêmes personnages pour assister à la *journée* de Lausanne avec les gens du Valley.

Le 3 août 1568, Pierre Maillard est nommé Chevalier de l'Ordre de l'Annonciade.

« Capré place cette nomination au 14 août et décrit ainsi les armoiries du baron du Bouchet :

d'azur à un albanais *(oiseau)* d'argent membré et becqué de gueules ; cimier, une licorne d'argent. Suivant le même auteur, Pierre Maillard est le 39e membre de l'Ordre de l'Annonciade.

Dans son *Armorial de Savoie,* M. de Foras place la nomination à l'année 1569.

Outre les titres déjà mentionnés, François Capré donne à Maillard ceux de seigneur de Charance-nay et de Montagny. Les chevaliers de l'Annonciade sont *cousins* du Souverain. »

1er janvier 1569. — Lettres de déclaration données à Chambéry pour Mre Pierre Maillard, au sujet de la seigneurie de Montfalcon.

Emanuel Philibert etc... deuement informé d'un codicille et laiz faict par notre très chière et bien aimée dame Claude de Miolans dame dudt lieu et de Montfalcon douaigière de St Vallier de tout le droict et action que luy appartient en la seigneurie et terre dudt Montfalcon, ledt codicille en date du 21 décembre 1567 reçu par Me Jean de la rize notaire ducal au profit de *nostre très chier bien amé cousin feal conseiller d'etat et chambellan gouverneur et nostre lieut en Savoye Me Pierre Maillard seigr et Baron du bochet et de chivron chevr de nostre ordre,* auons... déclairé et déclairons... volloyr tenir en tant que nous concerne à toujours agréable le susdt codicille et luy cédant... et remectant entant que de besoing... audt Baron du Bochet et aux siens tous droitz et actions à nous compétans... sur lade terre et seigneurie de Montfalcon... avec pouvoir audt Baron du Bochet... de jouyr et user dudt droit... comme de chose sienne...

12 janvier 1569. — Patentes de surintendant du fort de l'Annonciade (1) pour le lieutenant-gouverneur Pierre Maillard, données à Turin.

20 février 1569. — P. Maillard est délégué avec MM. de Montfort, Chivron et Beaufort, pour traiter à la *journée* de Thonon avec les délégués du Valais.

25 juillet 1569.— Pierre Maillard achète, pour le prix de 500 écus d'or, la seigneurie de Tournon (2).

Emanuel Philibert etc... avons aduisé et prinse détermination de construire un fort soubls l'appellation de la Nonciade... sachantz et cougnoissantz nos revenus... destinez et employés ailleurs pour nostre service et à ceste cause ne pouuoir suffire aux grandes dépenses requises pour ledt fort... auons... aduisé de recouvrer argent pour la fabrique dudt fort de la vente de noz biens patrimoniaulx moins domagiables ce que entendu par nostre très chier... messire Pierre Maillard chevr de notre ordre etc... Il noz a offert... pour la fabrique d'icelluy la somme de 500 écus d'or au soleil pour la prévallence et mieux value de la terre et seigneurie de tournon près miolans oultre et par dessus la somme de 2000 ecus d'or au soleil pour laquelle ladte terre se trouve avoir été remise et vendue par feu notre Père... le duc Charles... à feue Made Loyse de Savoye vicontesse de Martigues... le 11 décembre 1520... Donné à Seissel...

27 octobre 1569. — La seigneurie de Tournon est érigée en comté en faveur de Pierre Maillard, baron du Bouchet.

(1) A une demi-lieue N.-E de Rumilly.
(2) Arrondissement actuel d'Albertville.

Emanuel Philibert etc... Estant doncques bien cer-
tiorés nostre très chier très amé cousin feal conseiller
d'estat et chambellan messire Pierre Maillard baron du
Bochet et de chevron seig^r de Tornon et de Montagny
en genevoys, chev^r de nostre ordre, nostre Lieutenant
et gouverneur de Savoye, d'estre par ses effaiets...
montré digne... scavoir faisons que nous veuillans de
plus en plus recognoistre ses grandes vertus... ayant
aussi esgard comme nostred^t cousin a les moyens...
pour honnorablement... soubstenir l'estat et rang de
comte. Pour ces causes... avons de nostre propre mouvement... et par ces présentes érigeons créons et élevons
en titre dignité nom et prééminences de comte pour,
par nostre cousin et baron du bochet, ses hoirs... en
jouir... voulans que lui et les siens... soyent appelés
Comtes d'Icelle conté de Tornon... Donné à Chambéry.

**23 octobre 1569. — Testament de Mre Pierre
Maillard, baron du Bochet, etc.**

Après quelques dispositions pieuses et autres relatives
à son enterrement qu'il veut être fait dans l'église paroissiale de Rumilly dans la chapelle de ses prédécesseurs
et sans aucune pompe superflue.

1º Il lègue à Prosper son second fils une pension
annuelle de mille florins. Mais en attendant, il veut
qu'il soit logé, nourri et entretenu aux études et ailleurs
selon sa vocation aux dépens de son héritier universel
jusqu'à l'age de 25 ans, avant lesquels il ne pourra
prétendre à lad^e pension.

2º Il lègue à chacune de ses filles Claudine, Béatrix
et Hiéronime, la somme de dix mille florins pour leur
dot.

3º Laisse à Dame Claudine de Bellegarde, sa chère

femme, l'entière et libre administration des biens de ses enfans.

4° Institue pour héritier universel son fils aîné Emmanuel Philibert, lui substituant Prosper.

Il nomme pour exécuteurs testamentaire mes° Prosper de Genève seig^r de Lullin — mes^res Bernard baron de Menthon — Loys de Seissel, baron de la Serra — François de Mareste, baron de Lucey — Loys de la Baume seig^r de Courjonon, — François Chabod, seig. de Leschereine, Philippe des Clés, Jean de la Balme seig. des Ramasses, Jean de Seiturier, seig. de Cornod, Louis de Belletruche, s. de Challes, Claude-Lambert Portier s. du Bétex, Louis de Sales, s. de Boisy, Nicolas de Torens, s. de Griffy (Gruffy), les maîtres de la Chambre des Comptes de Savoie Hugues Michaud, s. de Corcelles, Pierre Gautier, s. d'Hostel, François de La Lée, s. de la Tornette, et Aymé Cerise, et en outre m^res Pierre Juge, et Claude Pobel, docteurs ès droits, juges-majes, le premier, de Savoie, le second, de Gex, et enfin le seig. du Noiret et Henry Pelard maître en la Chambre des Comptes du Genevois.

Et il signe :   Ainsi est BOCHET.

Ce même jour, Pierre Maillard se présenta avec ce testament à S. A. R. le duc Emmanuel-Philibert qui voulut bien l'accueillir et le sceller de son sceau, à Chambéry.

Le 10 décembre 1570, P. Maillard est à Turin, il vend au duc sa maison de Chambéry située dans la rue, ou voisinage de la rue Saint-Domini-

que, avec ses cour et jardin, confinée par le jardin
du couvent des Dominicains et la rue, laquelle
tire de la porte de l'église dudit couvent à la
grande porte de la ville, et par la maison de Jean
Bougey. Emmanuel-Philibert achète cette maison
pour y loger ses chevau-légers. Le prix est de
2,000 écus d'or en or d'Italie. L'acte est reçu par
le notaire Guill. Gromis.

Le même jour, le duc vend à Pierre Maillard,
sous pacte de rachat pendant dix ans, un revenu
annuel de cent écus d'or d'Italie, sur le revenu
ordinaire et la curialité de Rumilly, que Maillard
pourra retirer quartier par quartier sur les fermiers
de ces revenus. Le duc consent cette vente pour
le prix de 2,000 écus d'or d'Italie, c'est-à-dire
pour le prix de la maison que Maillard lui avait
vendue.

Le 15 mai 1571, le duc nomme le fils aîné de
Pierre, Emmanuel-Philibert Maillard, son filleul,
capitaine de la compagnie de 50 chevau-légers qui
appartenait audit Pierre Maillard.

Le 15 juin suivant, le duc donne à Pierre Maillard le droit d'avenage, se montant à environ 120
coupes d'avoine, qui lui était payé par les habitants de Rumilly, à raison de leur affouage, dans
la montagne (de Moye) ; et c'est en échange de
revenus de même valeur possédés par P. Maillard
dans les châtellenies de Chambéry et de Montmélian.

Le 20 octobre 1571, à Rumilly, dans sa maison, par-devant Jean Marchand, notaire ducal, P. Maillard fait un codicille par lequel il donne à son fils Prosper un revenu de mille florins, outre ce qu'il lui a déjà légué ; — en présence de Louis Oddinet, comte de Montréal, baron de Montfort, président au Sénat ; Gaspard de Lescheraine, sénateur ; noble et puissant Petremand d'Herlat, bourgeois de Berne ; Bartholomé Deville, secrétaire ducal, et Claude-Lambert Portier, seig. de Mieudry et du Bétex.

Le 10 décembre 1572, P. Maillard achète de la mère et du fils Voutier, pour le prix de 330 florins, une maison située à Rumilly.

« Pierre Maillard était curateur de *Jeanne de Saint-Jeoire,* fille de feu Charles, seigneur de la Chapelle, en Chablais. Il la marie à Antoine de Saint-Michel, seigneur d'Avully, et le contrat de mariage est passé à Rumilly, le 3 janvier 1573, dans la maison du comte de Tournon, en présence de Prosper de Genève, seigneur de Lullin, chevalier de l'Annonciade, de Rév^me Gallois Regard, de Clermont, évêque de Bagneray, de Gaspard de Chavane, vicaire général de Cluny, en Savoie, prieur de Rumilly, etc. (1).

Le 7 avril 1573, P. Maillard reçoit de Marguerite de France, duchesse de Savoie, l'ordre de fournir le logement et les vivres aux soldats de

---

(1) « Nous avons analysé cette pièce au tome XXIV des *Mémoires de la Société savoisienne d'histoire,* p. xxxi. »

S. M. Catholique qui vont en Flandre. *(Materie politiche.)* »

Le 25 août 1573, P. Maillard, malade dans sa maison, à Rumilly, fait un nouveau codicille et donne :

A Prosper Malliard son très cher fils luy donne et legue.... outre et par sus le legat.... tous et vng chascungs ses biens qui sont situés en faucigny et cluse en sus et par luy acquis de Mad^e Charmoisy....

Item donne et legue.... a Me Jean Marchand son secrétaire (1).... la somme de 200 escus de cinq florins piece payables.... dans quattre ans après son deces a 50 escus par an.

Item donne et legue a Jean de quoex son chirurgien la somme de 60 escus valeur susd^e payable.... à la requeste d'icelluy de Quoex (2).

Item donne et legue a pierre ducrest et pierre grenier ses valets de chambre.... a chascung d'eulx.... 100 escus valeur susd^te.... 50 escus par an pour chascun...

Item.... a Me Anthoine Bernardet notaire.... 100 escus payables comme dessus.

Item.... à ant^e totemps son cuisinier id.; outre leurs gages lesquels il veut et ordonne leur estre à chascung d'eulx satisfaicts......

Item led^t seig^r codicilant pour la descharge de sa conscience a declairé et declaire que les payements qui ont ésté faicts tant par luy que par Madame la Contesse

(1) « Voir le testament de Jean Marchand dans les *Fondations pieuses de l'Eglise et de l'Hôpital de Rumilly.* »

(2) « Les de Quoex, famille de barbiers-chirurgiens, de Talloires, qui ont eu une certaine fortune au siècle suivant.»

dame Claudine de Bellegarde sad᷎ tres chère femme des debtes tant de feu mes^re Claude de Bellegarde.seig^r de montagny père d'icelle dame que des debtes de feu noble Louys saultier sont esté faits des deniers propres prouenus des ventes des biens d'icelle dame......

A declairé et déclaire que le peu d'argent qu'il ha en son pouuoir est dans la crotte (cave) de sa présente maison en la lyette (1) dont il porte la clef pendue à son col..... en toutes autres choses confirme et corrobore sond^t testament.... et de tout ce que dessus a requis moy françois Brolliouz soubsigné secretaire d'estat de monseig^r faire le présent acte......

Faict et passé à Rumilly en la maison dud^r seig^r codicillant ès chambre ou il gist malade en présence de Messeig^rs Louis Milliet B^n de fauerges Conseil^r d'estat de Monseig^r et premier président en son senat de Sauoye, françois de Vallence seig^r de gruffy et feisigny aussi cons^r d'estat de S. A., Jean de la balme seig^r de Puïsgros et de Ramasses conseig^r de charansonex Jean françois de Bellegarde seig^r dudit lieu et des Marches en sauoye et honorable Cesar Bay de la ville de Chambery l'un des scindicqs de lad᷎ ville tesmoings par led^t seig᷎ Cte requis....

Août 1573. — Mort de Pierre Maillard, baron de Bouchet

10 novembre 1573. —Payé a dame Claudine de Bellegarde vefve dudit feu seig^r-Gouverneur la

(1) Lyette, liette et laiette, cassette destinée surtout aux papiers d'archives. Voir GODEFROY, *Dictionnaire de l'ancienne langue française.*

somme de 533 florins 4 sols pour le quartier de Juillet, Août et Septembre. (Mandat 10 9bre 1573.)

1er décembre 1573. — Lettre du duc contenant décharge du collier de l'ordre qu'avait feu monseig^r le comte de Tournon, et qu'il a bien duement et honorablement tenu sa vie durant.

1er décembre 1573. — Quittance et décharge générales données par Emmanuel-Philibert à la veuve de P. Maillard en qualité de tutrice de ses enfants mineurs.

On y rappelle que le défunt a rempli souvent des commissions et négociations à raison desquelles il a eu le maniement de deniers et notables sommes des finances ducales, notamment pour les voyages qu'il a faits en France pour le rétablissement en la puissance du duc des villes de Turin, Quiers (*Chieri*), Chivas et Villeneuve d'Ast, pour plusieurs *journées,* avec les ambassadeurs de Berne et Valais, pour semblable rémission des terres qu'ils détenaient ; et encore plusieurs *menues parties secrètes.* Le duc déclare que Maillard lui a toujours tenu compte de ces sommes secrètement et en mains propres, « de voyage à voyage, de commission à commission, tant à bouche que par missives, et par celles secrètement remises par devers nous que n'aurions voulu être communiquées à personne (1) et qu'il a

(1) De ce nombre devaient être les sommes payées lors du complot de 1563 contre Genève et les frais d'entretien des partisans du duc dans cette ville.

employé et ménagé le tout à satisfaction suivant le commandement qu'il avait reçu. »

« 15 mai 1576. — Dédicace de Jacques Bertrand, imprimeur à Annecy, à Claudine de Bellegarde, comtesse de Tournon, gouvernante de Savoie de sa réimpression de : *Les Premières œuvres de Philippe Desportes* (1).»

Lorsqu'elle était à Chambéry, la veuve de Pierre Maillard habitait dans la maison de Louis Milliet, baron de Faverges, grand chancelier de Savoie. Le 24 mars 1582, son fils Emmanuel-Philibert Maillard, malade, fait son testament par lequel il l'institue héritière universelle de ses biens, et lègue à son frère et à chacune de ses cinq sœurs 10 écus d'or. Ce testament est fait en présence de Me Jean Buinand, docteur ès droits, de N. Guy Guillet de Monthou, avocats au Sénat, et de Me André Pignier, docteur en médecine, etc., Pierre David, notaire.

Emmanuel-Philibert Maillard, comte de Tournon, etc., ne mourut qu'en 1587.

_____

(1) Dufour et Rabut. *Les Imprimeurs en Savoie*, dans les *Mémoires de la Société*, tome XVI.

VII.

PROSPER-MARC MAILLARD

Comte de Tournon, — Baron du Bouchet, — Conseiller d'Etat, — Chambellan de S. A., — Ambassadeur de Charles-Emmanuel Ier aux Ligues suisses, — Chevalier grand croix des SS. Maurice et Lazare, — Lieutenant du Gouvernement en Savoie.

10 mai 1590. — Né en mai 1569 ; était devenu chef de la famille par suite de la mort de son frère aîné ; il se marie le 10 mai 1590 avec demoiselle Philiberte de Beaufort, fille de Mre Antoine de Beaufort, seigneur de Lupigny, Gerbaix, Marthod et Cornillon, en son vivant capitaine des ordonnances de S. A. et de dame Claude de Charansonnay (1).

Il eut de ce mariage :

1° Henri de Maillard, qui suit ;

2° Alphonse de Maillard, comte de Tournon, baron de Confignon, du Châtelard en Bauges, — seig^r de Beaumont ; — IL FAIT BRANCHE ;

3° Sanche-Marc-Prosper de Maillard, baron de Tournon, abbé-gentilhomme de la chambre du prince Cardinal Maurice de Savoie, Le 9 avril, en remplacement de sa pension d'écolier, le duc le fait porter sur le rôle des archers de la garde, pour 2 places de 15 ducatons l'une, avec exemp-

(1) Document n° 7

tion des montres et de la présentation d'un équipage [militaire];

4° Claude-Françoise de Maillard, dame des infantes de S. A., mariée :

a A Salomon de Murat, baron de La Croix.

b A Claude de Menthon, seig' de Montrottier, et de Cormand.

5° Hélène-Ferdinande de Maillard, mariée à J.-B. de Maillarmey, comte de Rossillon, au comté de Bourgogne (29 octobre 1609); elle était déjà veuve en 1642 (1);

6° Marguerite de Maillard, dame d'atours de Mme Royale, Christine de France, duchesse de Savoie, mariée à Bernard-Octavien de Saint-Martin d'Agliè, marquis de Saint-Germain. « En 1614, elle pose la première pierre du grand monastère de la Visitation d'Annecy »;

7° Emmanuelle-Philiberte de Maillard, religieuse au monastère du Betton en Savoie, fait, le 14 avril 1642, une donation à sa sœur *Hélène-Ferdinande*;

8° Claire-Marie de Maillard, mariée le 10 novembre 1609, à Gabriel Guillet, seigneur de Monthoux, fils de Janus (2);

(1) Document n° 9.

(2) « Nous avons donné une analyse du contrat de mariage à la page xxxvi du T. XXIV des *Mémoires de la Société*. L'on s'aperçut plus tard qu'il existait entre les mariés un empêchement de parenté au 3° degré. Une lettre du 19 avril 1613, que nous avons publiée dans *Saint-François de Sales, avocat*, etc, par laquelle l'évêque d'Annecy prie

9°Philiberte Ennemonde de Maillard, religieuse à Neuville en Bresse.

1er mai 1598. — Mandat pour le seigr comte de Tournon, de 1,200 ducatons, pour sa nouvelle charge d'ambassadeur aux Ligues suisses.

18 novembre 1598. — Don de la somme de 600 ducatons, pour la dépense qu'il doit supporter, pour la conduite et acheminement de sa famille en Suisse.

28 juillet 1598. — Quittance pour Mesre Prosper Maillard, comte de Tournon, au nom de S. A., passée par l'advoyer et conseil de la ville de Fribourg (1).

23 avril 1604. — Quittance générale en faveur de Mesre Prosper de Maillard, comte de Tournon, passée par le sérénme prince Charles-Emmanuel.

Charles-Emanuel etc... ayant nostre très cher bien amè et feal conseiller d'Estat et ambassadeur en Souisse messire Prosper Maillard comte de Tournon... servy par l'espace de six ans en ladite ambassade a nostre gré et satisfaction entière..... et iceluy se trouvant durant ledit tems avoir reçu bonnes et notables sommes d'argent tant pour payer les pensions que donnons aux cantons confédérés et de quoi désirant demeurer déchargé il nous aurait envoyé ses comptes et fait très

le collatéral de Quoëx d'envoyer la demande de dispense à Rome, nous apprend que Marie Maillard s'était mariée à l'âge de 12 ans, et que, quatre ans après, elle avait déjà des enfants. »

(1) Voir document n° 8.

humblement supplier par la comtesse sa femme de les faire voir à tel qui nous plairoit...... à laquelle requête ..... inclinants volontiers aurions à cet effet donné charge..... Pour ces causes..... auons agréé toutes et chacune les parties..... quittons et remettons etc.

1er juillet 1600. — Mandat de 2,000 ducatons pour mesre Prosper de Maillard, comte de Tournon, chevalier grand croix.

Le duc de Savoie, etc., veuillant qu'à nostre très cher bien amé, etc., Dom Prosper Mailllard..... soye payée... la somme de 2,000 ducatons à bon compte... du reste que luy sommes redebuables pour raison de l'éviction des 7 parties de de la baronnie... de chevron à la remission desquels aurions par sentence du 28 juin 1595 condamné ledit comte de Tornon envers le baron dudit chevron et nous... a ceste cause nous vous mandons, etc.

1er juillet 1608. — Lettres patentes de S. A., pour le seigr comte de Tournon, portant établissement de 600 ducatons de pension annuelle.

20 août 1614. — Lettres patentes portant provision et constitution de lieutenance au gouvernement de Savoie, pour le seigr comte de Tournon, en l'absence du marquis de Lances.

Charles-Emmanuel, etc., considérant combien il est requis d'avoir personne de singulière prudence... pour commander dela les monts en l'absence de nostre neveu le marquis de Lances... et ayant fait reflection sur les mérites de vous nostre très cher... Mesre Prosper de

Maillard..... nous promettant qu'à l'imitation de feu nostre très cher bien amè cousin... le comte de Tournon vostre père qui eust la charge de gouverneur en Savoie, vous procurerez de vous bien et dignement acquitter de ceste charge. A ceste cause... nous vous avons choisy... pour commander en tous nos pays dela les monts en l'absence dudit marquis nostre nepveu (1).

28 novembre 1614. Establissement de gaiges pour le seig^r comte de Tournon : 100 duc. par mois.

10 août 1613. — Testament de mes^{re} Prosper Maillard, comte de Tournon : 100 ducat. par mois.

Après quelques dispositions préliminaires relatives à ses funérailles qui devront être faites sans pompe,

1° Il lègue à dame Hélène de Maillard dame d'honneur des infantes de Savoie, comtesse de Rossillon, à Claude de Malliard dame de la Croix en Bourbonnais et Marie de Malliard dame de Monthouz ses filles, outre la dot qui leur a été constituée, la somme de 10 écus chacune pour une fois seulement ;

2° A dame Philiberte de Maillard religieuse professe à Neufville en Bresse, sa fille, 50 ducatons ;

3° A demoiselle Marguerite de Maillard, aussi sa fille, la somme de 2,000 ducatons pour sa dot ;

4° A Alphonse de Maillard, son 2me fils, la seigneurie château et juridiction de Montagni en Genevois ;

5° A Don Sanche de Maillard, son dernier fils, 50 ducatons pour une fois et 1,000 florins de pension annuelle ;

6° Nomme héritière universelle dame Philiberte de

(1) Voir le document n° 10. Il explique les motifs de l'absence du gouverneur, marquis de Lans.

Beaufort sa chère femme, lui defendant toute aliénation de ses biens ;

7º Au cas que sa femme ne voulut pas accepter, il institue et lui substitue ledit Henry de Maillard son fils ;

Et pour exécuteur testamentaire, il nomme Révérend seig^r mes^{re} François de Sales évêque de Genève, très illustre seigneur Don Sigismond d'Este marquis de Lance, chevalier de l'Annonciade et lieutenant-général de S. A., messire Anthoyne Favre baron de Péroges et Domessin premier président au Sénat de Savoie, etc. Ainsi est. Louange à Dieu. A Chambéry ce 10 août 1613.

15 avril 1616. — Mort et sépulture du seig^r Prosper de Maillard, à Rumilly.

Le 15 du mois d'avril a été ensépulturé noble et puissant seig^r Prosper de Maillard, gouverneur de Savoie et comte de Tournon.

(Extrait des registres de l'église de Rumilly)

BRANCHE

DES

MARQUIS DE CHASTELLARD

BARONS DE CONFIGNON ET DE BEAUMONT

ALPHONSE DE MAILLARD

*de Tournon, marquis de Chastellard en Bauge, baron
de Confignon et de Beaumont.*

Il était le second des enfants de Prosper Maillard, comte de Tournon et de Philiberte de Beaufort (1). Il servit son souverain pendant près de 50 ans. D'abord capitaine de cavalerie dans l'escadron de Savoie, puis ambassadeur de S. A. en Angleterre, gentilhomme ordinaire de la Chambre de Charles-Emmanuel Ier, conseiller d'Etat, maréchal de camp, commissaire puis lieutenant-général de cavalerie après la mort de Henry son frère aîné.

Il épousa dlle Jacqueline de Chauvirey, fille d'Anne de Chauvirey, conseiller et chambellan de

---

(1) Un ordre du duc, en date du 13 novembre 1609, permit de lui fournir 15 ducatons, de 6 florins, 8 sols pièce par mois, et autant à son frère Sanche, « pour leur entretènement aux écoles de bonnes lettres. » Il y a encore des ordres semblables en date du 10 mars 1612 et du 20 novembre 1615.

S. A., gouverneur du fort de Ste-Catherine, etc.,
et d'Anne de Montfalcon-Flaxieu.

Il eût de ce mariage *Henry-François de Maillard,* capitaine de cavalerie, qui mourut sans alliance le 20 avril 1667 à Confignon, où il fut enseveli dans l'église.

Jacqueline de Chauviray fit son testament à
Chambéry le 22 août 1630 (1).

« En 1652, Alphonse de Maillard était commissaire général de cavalerie ; il désirait se battre et
acquérir de la gloire, mais il n'aurait pas voulu
obéir à certains supérieurs. Voici une série de
lettres adressées à la régente Christine de France
à ce sujet. Le dédain de l'orthographe y est plus
grand encore que celui de la discipline. »

A S. A. R. (la duchesse).   Rendisson 25 juin 1652.
Madame.   V. A. R. me commande d'obeir à
M. le colonel Monty en callité de lieutenant general. Je
supplie en toute umilité V. A. R. de considérer que non
seulement nos commissaire généros non jamais pris les
ordres du lieutenant general de la cavallerie de Piemont
mais nos capitaines ne lon jamais fait comme M. le
marquis de Pianesse pourra tesmognier à V. A. R. et
pour la charge de marechal de camp bien quil ait lan-
sieneté au dessus de moay *(moi)* je croais (2) quil ne le

(1) Document n° 13.
(2) On prononçait donc alors en Savoie, à Rumilly du
moins, moê, toê, comme on le fait encore en Franche-
Comté.

peut prétandre lun commandant par corvée la premiere
luy estant due et a moay lalternative. Je demande la
grace a V. A. R. dagreer que je laisse agir M. le Baron
de Monsinjan (Mont-Saint-Jean) qui recevra les ordres
de M. le marquis de Monty come mareschal de camp et
moay je prandray la toyte (tête) de ma compagnie ou
plustot je me jetteray dans les rant en callité de simple
soldat. Joroais trop de mortification sil se presantoait
quelque occasion et de ne pas participer a la gloayre
caquerront nos cappitaines sil viene aux mains avec les
ennemis... *A. de Tournon.*

On lui écrivit de s'en tenir aux ordres qu'il
avait reçus ; le 29 juin il répond de Suse qu'il
est atteint d'une fièvre quarte, et ajoute :

Je ne laisse pas de partir pour me rendre à l'armée ou
je vay obeir a M. le colonel Monty puisque set lintan-
tion de V. A. R. Sy pandant 38 années de servisse je
nay peu me randre asay oneste omme pour savoair
commander je croais a tout le moins davoair apris à
bien obeir... *de Tournon.*

Le 18 janvier 1653 il est à Rumilly et écrit à
la régente pour la remercier de ce qu'elle lui a
obtenu la charge de lieutenant-général de la cavalerie de Savoie. Le 26 septembre suivant il
écrit de *Castagniole :*

Madame... V. A. R. orat apris par la relation de M. le
marquis de Ville touttes les partiqularités du combat qui
se donat le 23e du courant et bien que nostre corps fut
ce jour la derriere garde nous vinmes avaic tant de dili-
gence que nous nous trouvames porté dans le meme

tans que la cavallerie de S. A. R. fut en présance des
ennemis lesquels pour estre a couvairt dune grande ra-
vine et outre cela retranché, nous osteret les moiens da-
ler a eux et nous vimes reduit a esuier leur mousqueta-
des lespace de 4 a 5 eures. M. le marquis Galeas fut
blesse a ma gauche, jestoais à la toite (tête) du premier
escadron de nostre corps. Nous ny avons perdu que sis
ou set chevaux..

En janvier 1655, il est encore à Rumilly.

En août 1658 il est revenu à l'armée, en Piémont,
et il rend compte à Madame Royale de ses opé-
rations :

« Ast, ce 11e aoust 1658. Madame... Le 9e du ct je
suis pasé le Po sous verrue sur le port quy nous at
amusé tout le jour. Le 10e je suis arrivé à Castel Al-
fier ou je sejourneray aujourdhuy, pour demain an partir et me randre à Rovillane afin destre en estat de se-
courir Albe et de me porter en Ast en cas de besoin. M.
de Ville ma fay avoier une lettre de M. le marquis de
Pianesse du 9e quy lassure que V. A. R. mat anvoye
des ordres, de se que je doays exequter... Les avis cat
eu (qu'a eus) M. de Ville portet coutre les 800 chevaus
qui sont an Alexandrie, le conte Galeas troti (Trotti) et
autre avoit quelque infanterie et ordre du Roay despa-
gnie de reprendre sa charge et de lexercer. *A. de Tournon.* »

Le 9 septembre, il est malade et a obtenu la
permission d'aller se faire traiter ; il n'en continue pas moins la campagne. Il écrit à Madame
Royale :

« ... Je seroay allé au cartier du Roay (d'Espagne)
et assister au conseil qui se doait tenir sur le sujet du

voiage de mon neveu M. le marquis de S. Damıen an-
voyé de leurs AA. RR. à S. A. de Modène sans que la
fievre ma pris dans le temps que mon neveu montayt a
cheval. J'arivay seulement hier avec le convoay que jay
conduit seul et en toute seureté. Je ne sorays écrire aucune nouvelle senon que les Fransoays ont attaqué sette
nuit derniere Gatinara. M. le marquis de Ville i et alé
qui ora bien de la peine de le sover du pilliage osy bien
que les otres taires de S. A. R. quy sont au long de la
Sesia. *A. de Tournon.* »

La maladie le força à revenir se faire soigner
au pays natal, à Rumilly. Le 5 juin 1659, il est
presque guéri. Il en informe Madame Royale qui
a bien voulu demander des nouvelles de sa
santé...

« Je proteste de nouveau à V. A. R. que je nestime-
ray jamais sette vie que Dieu a voulu prolonger de quelques momans si je ne la finis pour elle en reconnaissance de mon devoair. *A. de Tournon.* »

Le 8 avril, il est encore à Rumilly où il vit assez
pauvrement ; il s'adresse à Madame Royale pour
obtenir un commandement :

« ... Je suplie V. A. R. de se resouvenir dans ses
rancontre ou lon parle de quelques remuemans quelle
m'a promis lonneur de sa protection. Je suis si mal
avantagé des biens de la fortune que sans les bienfaits de
leurs AA. RR. je ne soroais subsister. *A. de Tournon.* »

Cependant au commencement de 1660 il est encore à Rumilly et, le 8 janvier, il adresse ses féli-

citations à M. R. à l'occasion de la reddition de la place de Verceil que Louis XIV, ou plutôt Mazarin, lui a faite. Enfin, en janvier 1662, se trouvant en procès avec la ville d'Annecy, il remercie M. R. de « l'avoir tiré des mains de la justice pour remettre la connaissance du litige à l'arbitrage de l'évêque de Genève *(Jean d'Aranthon)*, qui a espeluché toutes les choses de près et qui pourra témoigner en sa faveur qu'il n'a jamais eu la moindre pensée des choses dont on l'accusait. »

Il mourut à Rumilly le 5 avril 1667.

VIII

HENRY DE MAILLARD

Baron du Bouchet, — Comte de Tournon, — 1ᵉʳ marquis de
S'-Damien, — Gentilhomme ordinaire de la Chambre
de S. A., — Colonel d'infanterie, — Maréchal de camp,
— Lieutenant-général de la cavalerie de Savoie.

Né en 1590, à sept mois.

1ᵉʳ février 1604. — Mandat de S. A. portant entretènement au sʳ Henry de Maillard, de 30 ducatons par mois pour ses estudes.

2 juin 1616. — S. A. inféode au comte de Tournon, Henry de Maillard, le marquisat de S^t-Da-
mien, dans le marquisat de Saluces.

Henry de Maillard, jeune encore, s'était déjà
signalé dans les guerres du Montferrat contre les
Espagnols et particulièrement à la prise de Trin
en 1613 où il fut blessé d'une volée de canon, et
dans le combat donné devant la ville d'Asti. C'est
en récompense des services rendus à la Couronne
que le duc Charles-Emmanuel lui inféoda le marquisat de San-Damiano et Pagliera, et aussi pour
s'acquitter d'une dette d'environ 15.000 écus d'or
d'Italie de 17 flórins et 1/2 l'un, dont le duc était
tenu envers Prosper de Maillard à raison de la
remise que celui-ci avait dû faire de sa part de la
baronnie de Chevron au baron de Chevron, majordome de l'infante duchesse.

Carlo Emanuele etc.....se bene i principi per usar della loro grandezza sogliano in ogni tempo beneficare et honorare i cavaglieri che per opere eroiche se ne sono resi degni, et noi osservando questo, vogliamo.... Soddisfare parte del detto credito al molto magnifico Enrico di Maillard figlio del detto Don prospero et moderno Conte di Tournon Barone di' Bochet Capitano di Cavalleria, Colonnello d'infanteria e gentilhuomo della nostra camera....et insieme significare....la buona volontà che gli portiamo particolarmente della fedele et ottima seruitù da lui fattaci nelle passate guerre del Montferrato (1613) particolarmente nella presa di Trino ove fù ferito da una cannonata et in qu'est'ultima presso Asti contro gli Spagnuoli.... infeudiamo al soprad° Conte di Tournon henrico di Maillard.... in feudo nobile... i luoghi.... di s. Damiano et Pagliero nel marchesato di Saluzzo.......

11 janvier 1621. — Henri de Maillard épousa Charlotte-Emmanuelle d'Urfé-Lascaris, fille de Christophe d'Urfé, seig^r de Buny-en-Forest, comte de Châtillon et de Pont-de-Vesle, et de Marie de la Forest (1). — Il eut de ce mariage :

1° Charles-Christin (2) de Maillard, marquis de St-Damien et Pagliero, comte de Tournon, baron du Bouchet et de Confignon, seig^r de Charansonay, capitaine de cavalerie au service du roi de France.

2° Victor-Amé de Maillard, marquis d'Alby, qui suit :

(1) Document n° 11.
(2) Filleul, sans doute, de Christine de France, duchesse de Savoie.

3° François-Maurice de Maillard, baron de
Tournon, capitaine dans le régiment de Royal-
Piémont-Cavalerie, au service du roi de France.
Mort sans alliance aux guerres de Flandre.

4° Joseph de Maillard, mort jeune.

5° Catherine-Françoise de Maillard, religieuse
à la Visitation d'Annecy.

17 décembre 1629. — Henri Maillard donne à
Rumilly sa procuration à sa femme pour vendre
au duc de Savoie une pièce de terre située à Rumilly, au faubourg de la Curdy (Gaillard, notaire).

Parmi les témoins l'on trouve Charles feu François de Chavannes, lieutenant dans la compagnie
du marquis de Saint-Damien. La vente fut passée,
deux jours après, à Chambéry.(V. Document n° 12.)

13 février 1631. — Patentes de maréchal de
camp général ès-armées de S. A. pour mes¹ᵉ Henry de Maillard, Mᶦˢ de Sᵗ-Damien.

Victor Amédée..... A nostre très cher bien amé et
feal le mᶦˢ de sᵗ Damien Colonel et commissaire général
de la Cavalerie de Savoie salut. Désirant de vous témoigner la satisfaction que nous recevons de vos bons et
agréables services..... Nous avons creu ne pouvoir
vous en donner une plus grande de nôtre bonne volonté
que par la marque d'honneur de l'office de mareschal de
camp général en nos armées que nous voulons adjouter
à vos charges.... Donné à quiers....

V. Amédée.

29 octobre 1632. —Testament d'Henry de Maillard, comte de Tournon, marquis de Sᵗ-Damien.
(Voir document n° 14.)

30 octobre 1632. — Mort et sépulture de noble Henry de Maillard, marquis de St-Damien.

Le samedi 30 octobre 1632, environ les 4 heures après minuit est décédé très chrétiennement noble henry de Maillard Mis de St Damien et le dimanche suivant, 31 dud^t mois, a été ensépulturé environ les 5 heures du matin, dans la chapelle de ses prédécesseurs de l'église parrochiale de Rumilly. *(Reg. par. de Rumilly.)*

« En 1640, le marquis de Saint-Damien et MM. de Tournon et de la Croix prennent part, à Chambéry, au grand ballet *Hercule et l'Amour*, représenté au château de cette ville (1.)»

27 février 1643. — La duchesse de Savoie fait remise à la dame et au sieur de la Croix des laods de la vente et subhastation des biens de Tournon et du Bouchet. *(V. Document* n° 15.)

« 4 mai 1645. — Devant Me Dufour, notaire ducal à Rumilly, Charlotte d'Urfé donne une quittance en qualité d'usufruitière des biens de son mari, et de tutrice de ses enfants ; belle signature, écriture à lettres hautes, serrées et fermes.

8 novembre 1647. — Charlotte d'Urfé consent un acte d'affranchissement de biens taillables à miséricorde, situés à Rumilly et à Moye. » (*Voir Document* n° 16.)

16 décembre 1656. — Elle fait son testament à Pont de Veyle. (*V. Document* n° 17.)

Le 8 octobre 1663, elle modifie ses dispositions

(1) Fr. Mugnier. *Le Théâtre en Savoie*, p. 117.

de dernière volonté et lègue à seig' Victor-Amédée de Maillard, comte de Tournon, son fils, la somme de 20,000 livres tournois, à prendre incontinent après son décès, et fait héritier universel Maurice de Maillard de Tournon, baron du Bouchet.

« Le 19 juillet 1647, Charles-Chrestien ou Christin de Maillard alberge à perpétuité le nant de Palmant *(ruisseau de Parnant*, à Moye) à Humbert feu Charles Dufoug, commissaire général de l'artillerie de S. A. R., deçà les monts. »

Il épouse : 1° le 13 septembre 1654, Françoise de Croison, née le 15 septembre 1637, morte en couches ; — 2° le 20 mars 1663 , Marguerite-Auguste de Pesieux de Salagine, dont il eut Charles-François, mort au berceau.

« On trouve très souvent Christin de Maillard à Rumilly, au cours des années 1657 à 1661 ; on l'y retrouve en 1666, 1688. Il signe *Maillard-Tornon*. Vers 1666, on voit souvent aussi son neveu Sigismond de Murat, baron de la Croix, seigneur de Saint-Marcel, comte de Tournon, conseiller d'Etat, général des Etapes en Savoie, cornette des Gardes, fils d'illustre dame Claude-Françoise de Maillard, dame de la Croix, du Bouchet, comtesse de Tournon. Il résulte de ces qualifications que la dame de Murat et son fils étaient devenus adjudicataires, en 1643, de la seigneurie du Bouchet et du comté de Tournon, au préjudice des branches masculines des Maillard.

Le 17 février 1661, Charles-Chrestien, marquis de Saint-Damien, préside à Rumilly à une transaction relative au *Logis de la Couronne,* où se trouve la *chambre des muletiers.* Les parties s'en étaient d'abord remises au serment que l'une d'elles devait prêter « sur les reliques de Monsieur saint Antoine », mais elle mourut et l'on dut recourir à un arbitrage. Le 21 mars suivant, il afferme à.h^ble François Gallatin, pour 2,100 florins par an, les cens, laods, corvées, droits de mainmorte suffertes, échûtes, tailles, mestrallerie, moulins, etc., dépendant de la baronnie du Bouchet et de sa maison-forte de Rumilly.

Le 11 juillet de la même année, le marquis de Saint-Damien et son frère François-Maurice, baron du Bouchet, transigent sur un procès survenu entre eux après la mort de leur mère Charlotte-Em. d'Urfé. L'acte est passé en présence de R^d Cl. Fardel, supérieur des Oratoriens de Rumilly.

(Reg. par. Rumilly.)

En 1664 encore, le marquis de Saint-Damien fait restaurer le tombeau de sa famille : *antiquum sepulchrum dominorum de Maillard.* La pierre qui le recouvrait a été conservée lors de la démolition de l'ancienne église de Rumilly. On l'a mise, à plat, derrière l'autel de la Vierge, dans l'église nouvelle. L'écusson des Maillard est gravé au centre.

Le 11 mars 1664, il afferme ses biens et revenus

de Charansonnex aux frères Callendret pour 1,000 florins par an, un pourceau gras et six chapons gras. »

Le 24 août 1688, Charles-Christin de Maillard fait son testament. *(Voir Document* n° 19. Cette pièce est fort intéressante).

Voici son acte de décès et celui de sa seconde femme.

L'année 1688 et le 2 d jour du mois de septembre a été inhumé, dans l'église de Rumilly, noble et puissant seigr Charles de Maillard, Mis de St-Damien, baron du Bouchet et autres places mort après avoir reçu tous ses sacrements — âgé de 70 ans.

Le 9 avril 1713 a été souterré dans le charnier de la chapelle fondée sous le vocable de St-Pierre de Rumilly le corps de noble et puissante dame Marguerite-Auguste de Pésieux de Beaufort marquise de St-Damien, (2e femme de Charles-Christin) après avoir reçu tous ses sacremens et donné pendant sa vie des marques d'une profonde vertu, âgée d'environ 65 ans.

(Reg. par. de Rumilly.)

IX.

VICTOR-AMÉ Ier DE MAILLARD

*Marquis d'Alby, — de Saint-Damien, — Comte de Tour-
non, — Baron du Bouchel et de Confignon, — Seig' de
Charansonay, — Page de S. A. Charles-Emmanuel II,
— Gentilhomme de la Chambre, — Capitaine de la
Compag' des Gentilshommes savoisiens de la Garde
de S. A., — Grand-Voyer, — Conseiller d'Etat, —
Maréchal de camp, — Gouverneur et lieutenant-géné-
ral de Nice, — Chevalier de l'ordre de l'Annonciade.*

Avant 1655, il est lieutenant dans la compagnie de son cousin, Sigismond de Murat, baron
de la Croix, à l'escadron de Savoie (1). Madame
Royale propose à ce dernier de donner sa démission de capitaine, pour céder la place à Victor-
Amè de Maillard. Le baron n'est pas satisfait de
ce qu'on lui offre en échange, et il écrit à un per-
sonnage de la Cour :

A Chambéry, ce 18 juin 1655.   Monsieu, J'ey
receu la voutre (lettre) par laquelle jey veu la proposi-
tion que vous me fetes de la part de M. R. en faveur de
mon cousin de Tornon ; je seray toujour ravi de contri-
buer a ses avantaige et de rancontré une aucasion de
plere a M. R. mais je me persuade quel lat (qu'elle a)

_____

(1) Le baron de la Croix, était, en outre, seigneur de Saint-
Marcel, comte de Tournon, conseiller d'Etat, général des
Etapes en Savoie. Il était marié à Marie-Chrétienne de
Roncas.

trop de bonté pour le vouloir avec un si gran désavantaje de ma reputation puisque je quiteroit le poste ou je suis apres vin (20) anné de cervise à la guerre sans avoir rien de solide...   *S. De la Croix.*

Les choses traînèrent en longueur ; cependant, en 1657, M. de la Croix donna sa démission de capitaine et fut remplacé par le comte de Tournon, Victor-Amé, qui, en vertu d'ordre de M. R., du 2 mars 1657, prit rang à partir du 1er janvier.

1er avril 1659. — Lettres de gentilhomme de la Chambre de S. A. R. le duc Charles - Emmanuel II, pour le comte de Tournon, noble Victor-Amédée de Maillard, capitaine en l'escadron de Savoie et 2d écuyer de sadite Altesse :

Charles-Emanuel, etc. La satisfaction que nous avons receu depuis 14 ans des bons et agréables seruices que nous a rendus... nostre très cher bien amé et feal vassal noble Victor amé de Maillard comte de Tournon capitaine en nostre escadron de Savoie et nostre second escuyer tant en l'exercice desdites charges qu'en tous les autres emplois qu'il a eu auprès de nostre personne, et en la guerre où il a partout également signalé sa valeur... suiuant en cela les vestiges... de ses ancêtres... et particulièrement Pierre de Maillard comte de Tournon son bisaieul qui au retour des guerres de Flandres où il seruit dignement Emanuel-Philibert fut fait cheualier de l'ordre, gouverneur et lieutenant général de Savoie, et son ayeul Prosper de Maillard comte de Tournon qui fut ambassadeur extraordinaire vers les cantons suisses, et outre qu'il estoit cheualier grand croix de Saint Maurice et Lazare fut

honoré du brevet de chevalier de l'ordre devant sa mort.
Et Henny de Maillard comte de Tournon, marquis de
Saint Damien son père fut colonel d'infanterie puis
mareschal de camp et lieutenant général de l'escadron
de Savoie, laquelle charge est encore possédée mainte-
nant par le baron de Tornon (1) son oncle mareschal de
camp de nos armées. Pour lesquelles considérations
nous... establissons ledit comte de Tournon noble Vic-
tor-Amè de Maillard gentilhome de nostre chambre.....
Donné à Turin.....   C. EMANUEL.
                                        (*Arch. de famille.*)

6 octobre 1660. — Lettres patentes de Cornette
de la Compagnie des Gentilshommes Archers Savoisiens de la Garde de S. A. R. pour noble
Victor-Amédée de Maillard, comte de Tournon.

9 décembre 1663. — Mariage entre le seig^r
comte Victor-Amédée de Tournon, marquis de S^t-
Damien, et demoiselle Cécile-Marie, seconde
fille de Jean-Jacques Trucchi, comte de Pallières,
premier président, auditeur général des guerres,
et de Bonne-Maria-Salvia de Chieri (2).

Il eut de ce mariage :

1° Le 30 août 1666, D. Félix-Emmanuel-Jean-
Baptiste, marquis d'Alby, qui suit :

(1) Alphonse Maillard.
(2) Le contrat de mariage, reçu à Turin par le notaire
Léonardi, est du 12 septembre. La future y reçoit une dot
de 10,000 écus d'or d'Italie et un trousseau estimé 2,000
écus. Le mariage avait été contracté sur le désir que leurs
Altesses Royales le duc et la duchesse de Savoie en avaient
manifesté.

Felice Emanuele figlio dell' Emo. sig. Vittorio Amedeo et Cecilia Maria, marchesi di Tornon, nato li 30 agosto 1666 et battezato li 4 octobre, nella cappella di S. A. R. Padrini li AA. RR. *(Charles-Emmanuel II et Marie-Jeanne-Baptiste.)*

2° Jean-Henry de Maillard, comte de Tournon, colonel de cavalerie et gouverneur en Hongrie pour l'empereur, mort sans enfants l'an 1736.

Jean-Henry de Maillard avait demandé d'être envoyé en Allemagne, aussi s'empressa-t-il de remercier S. A. R. de la bonté qu'il avait eue de le recommander à l'Electeur de Bavière. Il se faisait en même temps un devoir de le tenir au courant de ce qui se passait dans ce pays.

« Monseigneur, lui écrivait-il du camp devant Belgrade, le 28 août 1688. En rendant à V. A. R. mille actions de graces pour la bonté qu'Elle a eue de me recommander à M. l'Electeur de Bavière j'ose lui présenter un plan des approches de Belgrade lequel j'ai tiré sur les lieux... Je la supplie d'être bien persuadée que je cherche a prendre employ dans ce pays qu'afin de me rendre digne de seruir un jour V. A. R. et de mériter par mes humbles seruices la protection dont Elle honore ma famille...

Henry de Tournon. »

Puis, de Vienne, le 10 novembre 1691 :

« Monseigneur. Je demande très humblement pardon à V. A. R. si je ne lui ay point envoyé la relation de la bataille donnée contre les Turcs a Salankemen, ce que je souhaitois passionément de faire, mais l'accident

de deux coups de mousquet que j'ai reçus dans ce rencontre en a été le sujet...

Le comte de Tournon. »

Le 2 décembre 1699, l'empereur Léopold, en
récompense de ses bons services, le fait comte suprême de Borogdo (*comitatûs Borogsiensis*).

3° Charles-Thomas de Maillard, dit le *cardinal de Tournon*, patriarche d'Antioche et légat à
latere, en Chine.

Né à Turin le 21 décembre 1668, il avait été
nommé par le pape Clément XI patriarche d'Antioche le 5 décembre 1701 et envoyé en Chine en
qualité de commissaire et légat *à latere* du Saint-
Siège. Il arriva à Pékin au commencement de
l'année 1709. Il mourut à Macao le 8 juillet 1710.
Son corps fut mis dans une caisse de plomb cou-
verte de bois avec l'inscription :

Eminentisimi et Reuerendissimi domini D. Caroli
Thomæ S. R. E. presbiteri cardinalis ex marchionibus
Maillard de Tournon a sanctissimo domino nostro D.
Clemente papa XI anno 1701 in patriarcham Antioche-
num consecrati, in visitatorem apostolicum ad Sinas et
regna orientalia, cum potestate legati de latere electi, ab
imperatore Sinarum honorifice excepti, a sanctissimo
domino nostro ad purpuram anno 1707 promoti ; pon-
dus magnum diei et cestus in apostolica visitatione
fortiter passi, ac digne munere suo usque ad mortem
functi, hic jacent cineres, dum spreta morte vivit in
coelo.

Taurini natus 21 decembris 1668, macay obiit 8e julii
1710.

Le pape ordonna, contre la coutume, de célébrer ses obsèques dans la chapelle papale avec
l'assistance du collége des cardinaux. Il ressentit
vivement la perte de ce grand homme et voulut
lui-même publier ses glorieuses vertus par une
des plus belles oraisons qui soient sorties du Va-
tican et que S. S. récita en plein consistoire le 14
octobre 1711. Charles-Antoine Mezzabarba, patriarche d'Alexandrie et vicaire apostolique de la
Chine, eut ordre de transporter à Rome le corps
du cardinal. A son arrivée, il fut porté au collège
de la Congrégation *de propaganda fide,* où il fut
inhumé le 23 du mois de septembre 1732.

« A cette occasion Clément XI envoya un bref
de condoléance au marquis d'Alby, Félix-Emma-
nuel *(Miscellanea di storia patriâ,* t. XVIII).»

Grillet, t. III, p. 249, *V. Rumilly,* consacre un
article au cardinal de Tournon et rapporte que sa
vie a été écrite par M. Fleury. Il dit que son portrait a été gravé à Paris par Rocher et à Rome
par Rossi. Nous connaissons un troisième portrait
de Charles-Thomas de Maillard ; s'il est exact, le
cardinal aurait eu une belle figure, virile, expres-
sive, avec de grands yeux, barbe frisée. Suivant
cette gravure et celle de *Rossi,* il serait mort le
8 juin 1710, et non en juillet.

La légende au bas du portrait gravé par Rossi
est divisée en deux colonnes par l'écusson des
Maillard, l'*albanais essorant.*»

4° Jeanne-Irène-Charlotte de Tournon, mariée

le 20 juillet 1683 à Curtius François-Marie-Tir-ron, marquis de Crescentino, comte de Dezzana ; puis, en secondes noces, à Jean-Baptiste Rapetti, baron de Sarré.

5° Louise-Emmanuelle, abbesse du monastère de Sainte-Croix, à Turin, sous les noms de *Marie-Ignace*. Elle avait fait profession le 4 août 1686 ; elle était abbesse en 1728 et vivait encore en 1732.

6° Jérôme-François de Tournon, né à Turin, le 6 avril 1676, mort dans la même ville, le 12 novembre 1680.

7° Victor-Amé-Ignace, baron de Tournon, né à Turin, le 15 avril 1681, mort en 1702, après avoir été officier au régiment des Gardes.

Le marquis Victor-Amé (I) de Tournon, fut nommé : le 30 septembre 1674, lieutenant de la compagnie des gentilshommes archers de la garde royale, charge vacante par la promotion du marquis de Saint-Maurice à celle de lieutenant-général de l'infanterie ; le 26 septembre 1676, gouverneur du château et du fort de Nice, et colonel du régiment d'infanterie y tenant garnison, emplois vacants par la nomination du marquis Pallavicino à une autre charge ; par patentes du 27 avril 1680, de la régente Marie-Jeanne-Baptiste, il est nommé grand voyer, soit *veedore generale* des gens de guerre, « *emploi si important au royal service, d'une confiance si intime et d'un si grand poids pour la sûreté et l'utilité de l'Etat* », il est en même temps conseiller d'Etat ;

son traitement est de 3,200 livres, outre les droits qu'il est d'usage de tirer de la troupe, sa haute paye de 2,000 livres, la pension de 2,000 livres dont il jouit à titre onéreux *(di cui gode con titolo oneroso)*; maréchal de camp, le 28 février 1681.

Le 17 mars 1681, il achète aux enchères le fief du mandement d'Alby, appartenant au duc de Savoie qui lui accorde, le 25 avril suivant, l'inféodation de ce mandement, érigé en marquisat en faveur de l'acquéreur. (*Voir Document nº 18.*)

Le 15 juin 1688, Victor-Amédée de Maillard, remplace D. Antoine de Savoie dans le gouvernement du comté et de la ville de Nice, avec un traitement supérieur à celui qu'avait D. Antoine, et qui est fixé à 13,200 livres.

En 1696, il est fait chevalier de l'Ordre de l'Annonciade. Il teste à Turin, le 17 septembre 1701, instituant héritier à titre universel son fils aîné, Félix-Emmanuel-Jean-Baptiste, marquis d'Alby, et fait des legs à ses autres fils et filles, parmi lesquels *Charles-Louis* est indiqué comme *prélat-domestique de sa Sainteté.* Il mourut le 30 avril 1702, à Turin, et fut enseveli dans l'église de Saint-Augustin.

« Illustrissimus et Excellentissimus D. Victorius Amedeus Mailardus marchio de Tournon et Eques torquatus Sme Annunciationis omnibus munitus sacramentis obiit et sepultus in hac ecclesia in sepulchro majorum. »

X

FÉLIX-EMMANUEL-JEAN-BAPTISTE DE MAILLARD

MARQUIS D'ALBY, DE ST-DAMIEN, ETC.

Colonel du régiment de dragons de Piémont, — Chevalier grand croix des SS. Maurice et Lazare, — Premier écuyer et gentilhomme de la chambre de S. A. R., — Capitaine de la compagnie des gentilshommes de la garde, Général de la cavalerie.

Né à Turin, le 30 avril 1666.

Baptisé le 4 octobre 1667, dans la chapelle de S. A. R.

Parrains, LL. AA. RR. Charles-Emmanuel II, et Marie-Jeanne-Baptiste.

Le 22 juillet 1683, il est nommé cornette du régiment de cavalerie piémontaise.

31 octobre 1684, il épouse demoiselle Angèle-Marie-Berthe, dame de Givolet, Celle et Rovigliasco, qui fut dame d'honneur de la reine de Sardaigne, morte le 19 février 1739, à Turin.

Il eut de ce mariage :

1° Victor-Amé II de Tournon, marquis d'Alby (qui suit), né en 1685.

2° Jeanne-Marie-Elisabeth de Tournon, religieuse au couvent de Sainte-Croix.

Jeanne-Marie-Elisabeth de Tournon prit l'habit religieux au couvent de Sainte-Croix, à Turin, le

12 juin 1702, sous le nom de Marie-Octavie-Elisabeth, ayant pour parrains le marquis de Bagnasco et le marquis Giaiola.

Elle fit sa profession religieuse le 17 juin 1703, et mourut à 26 ans, le 11 janvier 1713.

(Extrait des registres du couvent de Sainte-Croix, transporté à Chieri.)

3° Marie-Cécile-Délibère de Tournon, religieuse au couvent de la Visitation Sainte-Marie de Pignerol, sous le nom de Marie-Philiberte.

L'an 1703 et le 30 du mois d'août, au couvent de la Visitation de Pignerol, Marie-Cécile-Délibère Maillard de Tournon renonça à l'héritage paternel et, en 1705, le 7 janvier, elle prit l'habit religieux et le nom de Marie-Philiberte. Sa dot fut de 5,200 livres. La supérieure du couvent était Philiberte de Monthouz.

4° Lucrèce-Marie de Tournon, morte jeune, le 9 février 1694.

5° Marie-Thérèse de Tournon, née à Turin le 13 août 1696, mariée en 1717 à Charles-Maurice Vibò, comte de Praly.

6° Marie-Anne de Tournon, née à Turin, le 25 juillet 1698, mariée en 1722 à Jean-Baptiste-Emmanuel Fausson, comte de Clavesana.

7° Charles-Antoine-Alexandre de Tournon, né à Turin le 4 septembre 1700.

8° Hélène-Marie-Victoire-Irène de Tournon, née le 11 septembre 1701 ; morte jeune.

Félix-Emmanuel-Jean-Baptiste Maillard, marquis d'Alby, est nommé lieutenant dans le régiment des gardes, le 12 mars 1686 ; cornette de la compagnie des gendarmes de S. A. R., le 10 avril 1688 ; lieutenant dans la même compagnie, le 15 juillet 1690 ; colonel du régiment dragons de Piémont, le 6 février 1691 ; premier écuyer et gentilhomme de la Chambre de S. A. R., le 10 septembre 1697 ; capitaine de la compagnie des gentilshommes-gardes, le 17 mai 1709 ; général de cavalerie, le 3 novembre suivant.

Le 6 septembre 1713, il fait son testament :

Après quelques dispositions pieuses et les prescriptions particulières relatives à son enterrement qu'il veut être fait sans pompe, à l'église de St Augustin, dans le tombeau de ses ancêtres.

1° Il reconnaît pour la marquise Angèle Marie Berthé, dame d'honneur de la duchesse, sa femme, ce qui a été stipulé dans le contrat dotal du 14 septembre 1686 ; lui donne en outre l'usufruit de sa *vigné* (maison de campagne), située sur la colline de Turin, région de St Vitto ; il lui lègue une somme de 1.300 ducatons qu'on devra lui payer sitôt après sa mort et lui laisse en outre le choix de quelques meubles et de l'argenterie qu'il a mise à part ;

2° Lègue à D. Marie Ignace sa sœur (au siècle, D. Louise Emmanuèle) religieuse au couvent de Ste Croix, 50 onces de son argenterie ;

3° A D. Marie Philiberte religieuse au monastère de la Visitation de Pignerol (au siècle, Cécile Marie Délibère) sa fille une somme de 100 l.;

4° A chacune de ses filles Thérèse Marie Gabrielle et

Anne Marie Angélique, une somme de 3000 ducatons
de 5 livres ;

5° Laisse et nomme héritier universel le marquis
Victor Amédée (II), son fils, capitaine dans le régiment
des dragons de Piémont de S. A. R.

(Archives de la famille.)

**20 décembre 1728. Mort et sépulture du marquis
Félix-Emmanuel-Jean-Baptiste Maillard d'Alby :**

Die 20 dicembris 1728. Illmus ac eccellmus D. marchio Felix Emanuel Joannes Baptista Maillard de
Tournon etc. — prefectus excubiarum prime cohortis S.
R. M. eques magnus crucis sanctorum Mauritii et La-
zari commendatarius stupinixij Equestris turme Dux
primarius. Maritus Illme ac Eme D. Angelæ Monicæ
marchionissie de Tournon, omnibus ecclesiæ sacramentis devotissime susceptis in amplexu Jesu Christi cru-
cifixi animam Deo reddidit die xix hujus et die sequenti
sepultus fuit in hac parrochiali ecclesia in sepulcro
suorum majorum existenti sub ara maioriætatis annorum 63 circiter.

> (Extrait des reg. de la paroisse de Saint-Augustin,
> à Turin.)

**17 septembre 1736.—Testament de la marquise
D. Monique Angèle Maillard Berthé de Tournon,
comtesse de Givoletto (femme du marquis Félix-
Emmanuel Maillard, etc.).**

Elle fait quelques donations à ses nièces Angèle, Constance, Thérèse, Monique et Gabrielle, des legs aux gens
de sa maison et à quelques confréries ; enfin, après quelques dispositions relatives à son enterrement qu'elle veut

être célébré sans pompe à l'église de St Augustin dans la tombe de la famille Maillard, elle laisse :

1º Au marquis Charles Antoine, son neveu, tous ses bijoux et à la marquise d'Alby-Saluzzo, mère de son neveu, 100 louis d'or ;

2º A sœur Marie-Philiberte de Tournon sa fille professe au monastère de la Visitation de Pignerol, dans le siècle Cécile Marie Delibère, la somme de 300 livres (1);

3º Une somme égale à dem^elle Monique Marie Isabelle sa nièce et fille unique de feu la comtesse Anne Angèle Marie de Tournon et femme du comte J. B. Fausson de Clavesana ;

4º Elle nomme héritier universel le marquis de Tournon Victor Amédée, son fils unique.

Elle meurt le 19 février 1739.

---

(1) Elle avait pris l'habit le 6 janvier 1704; à cette occasion, sa mère avait promis une dot de 3750 livres de Piémont, 750 livres pour le trousseau, 450 livres pour le don à l'autel, et 250 livres pour les frais ordinaires de profession. Celle-ci eut lieu le 7 janvier 1705 et, auparavant, madame de Maillard compta au couvent les sommes promises. Les sœurs qui donnèrent quittance. furent les dames Marie-Philiberte de Monthouz, supérieure; Victoire-Marguerite Savart; Anne-Marie Scozia; Angélique-Agnès Bouchard, et Claire-Antoine Bigliosa.

XI.

VICTOR-AMÉ II DE MAILLARD

MARQUIS D'ALBY ET DE ST-DAMIEN

*Deuxième écuyer et gentilhomme de bouche de S. A.,
premier écuyer et gentilhomme ordinaire de la chambre,
— Major dans les gardes du corps, — Capitaine de la
deuxième compagnie des gardes du corps,— Brigadier
de cavalerie, — Maréchal de camp de cavalerie, — Lieutenant général de cavalerie, — Chevalier de l'Ordre de
l'Annonciade.*

Né en 1685, capitaine dans le régiment des dragons de Piémont, il est nommé second écuyer de
bouche le 9 septembre 1713. Le 23 février 1715, il
épousa Marie-Eléonore de Saluces, du Châtelard
et Paesana, fille du comte Balthazard de Saluces
et de Constance Arborio de Gattinara.

Il eut de ce mariage :

1° Charles-Joseph-Marie-Antoine-Augustin de
Tournon, né à Turin le 7 juin 1716.

2° Ange-Constance de Tournon, religieuse au
couvent de Ste-Croix.

3° Barbe-Marie-Thérèse, religieuse au même
monastère, née à Turin le 6 novembre 1720.

4° Félix-Emmanuel-François-Dominique-Lau-
rent-Marie, né à Turin le 9 août 1724, décédé le
30 décembre 1728.

5° Monique-Marianne de Tournon.

Mariée : 1° en 1740 le 4 janvier à Pie-Alexandre Cacherano Crivelli Scarampi de Villefranche d'Asti. Par contrat du 4 septembre 1739, elle reçut en dot de ses parents : 25.000 livres, y compris un trousseau de 5.000 ; plus 10.000 livres à la mort de sa mère ; et 7.500 livres pour achat de bijoux.

En 1744 et le 21 du mois d'avril, le marquis Pie-Alexandre, gravement malade, fit son testament et nomma héritières particulières ses enfants Angèle-Marie, Josèphe-Eléonore, Delphine-Marie-Josèphe et une autre fille née depuis peu de jours et à laquelle on devait donner les noms de Marie-Elisabeth. Il institua héritier universel le marquis Antoine-Alexandre-Victor-Marie-Joseph, son fils.

Mlle de Tournon épousa, en secondes noces, le 22 novembre 1745, le comte Antoine-Amédée Alfieri de Cortemiglia, qui testa le 4 décembre 1749.

Dans cet acte :

1° Il lègue à la comtesse Monique-Marianne, sa femme, une pension de 500 livres qu'elle perdra si elle se remarie.

2° Il nomme son héritière particulière sa fille Gabrielle et lui laisse une somme de 20,000 livres ; sa femme étant enceinte, il fait quelques dispositions particulières dans le cas où l'enfant qui lui naîtrait serait un garçon ou une fille. Ce fut un garçon, et il mourut quelques mois après sa naissance.

3° Il nomme héritier universel le comte Victor-Amédée Alfieri, son fils. Cet enfant devint le fameux auteur de tragédies bien connues.

En troisièmes noces, la comtesse Monique, jeune encore quoique déjà veuve de deux maris, épousa le chevalier Charles-Hyacinthe Alfieri di Cortemiglia, du même nom *Alfieri di Cortemiglia* que le précédent, mais d'une autre branche. Celui-ci mourut en 1797.

Le 17 avril 1721, Victor-Amédée II Maillard, capitaine de la première compagnie des gardes du corps, est nommé premier écuyer et gentilhomme de la Chambre. Le 13 mars 1731, il est élevé au grade de major des gardes du corps avec le traitement de 3,703 livres argent ; le 13 juin 1733, il devient capitaine de la deuxième compagnie des gardes du corps, en remplacement du marquis de Broglio nommé gouverneur du duc de Savoie. Le 27 février 1734, il est fait brigadier de cavalerie. Le 27 avril 1737, le roi de Sardaigne Charles-Emmanuel III, à raison de l'exactitude et de la fermeté que le marquis d'Alby a fait paraître dans les dernières guerres, le nomme maréchal de camp de cavalerie. Le 30 janvier 1744, il reçoit le grade de lieutenant-général de cavalerie. Enfin, le 15 mai 1750, il reçoit une distinction suprême ; son souverain le crée chevalier de l'ordre de l'Annonciade.

Le 13 avril 1739, près de 15 ans avant sa mort, le marquis Victor-Amé voulut s'occuper de son testament.

Il donne des ordres relatifs à sa sépulture, voulant, s'il meurt à Turin, être enterré dans la tombe de ses ancêtres, dans l'église de Saint-Augustin ; s'il meurt en Savoie, être transporté dans le caveau de ses pères, sous la chapelle de Saint-Pierre, à côté du chœur, dans l'église de Rumilly, sans pompe et accompagné seulement de quatre flambeaux.

Il fait ensuite de nombreux legs aux églises paroissiales de ses fiefs, aux hôpitaux de Turin, Chambéry, Annecy et Savigliano.

Reconnaissant enfin des mérites de sa chère femme et de l'affection toute particulière qu'elle lui a toujours témoignée, il veut qu'elle ait un appartement commode et convenable, que son héritier lui fournisse la table en ville et à la campagne, avec six domestiques et la voiture, plus la rente de 1,600 livres par an ; et si elle préfère avoir une habitation séparée, son héritier lui paiera une pension annuelle de 5,500 livres.

Il fait enfin des cadeaux à quelques amis et des legs aux gens de sa maison, puis il laisse :

1° A ses deux filles D. Angèle-Constance-Françoise et D. Thérèse-Cécile-Elisabeth, religieuses au couvent de Ste-Croix à Turin, 300 livres chacune ; 2° il donne à chacune de ses deux filles Monique et Gabrielle 25.000 livres ; 3° à R^de Mère de Tournon D. Marie-Ignace, sa tante, abbesse du monastère de Ste-Croix, et à sa sœur chérie et unique R^de Marie-Philiberte, religieuse à la Visitation

de Pignerol, 300 livres ; 4° il institue héritier universel son fils unique le marquis Charles-Augustin-
Antoine de Maillard.

Par un codicille en date du 29 mai 1746, il lègue à ses deux premières filles D. Angèle-Constance-Françoise et D. Thérèse-Cécile une pension
de 50 livres. Sa fille Gabrielle étant morte, et
l'autre, Monique, étant veuve et remariée au comte Alfieri, il croit devoir annuler les dispositions
contenues dans son testament à leur égard.

Par un second codicille en date du 2 mai 1751,
il laisse à cette dernière, qui est devenue veuve
du comte Alfieri, 750 livres pendant son veuvage.

Victor-Amé II de Maillard marquis d'Alby mourut à Turin le 25 avril 1754 et fut enseveli dans
l'église de St-Augustin.

Le 30 août 1762 sa veuve fait aussi son testament. Elle lègue : 1° à la comtesse de Castagnole,
sa fille Monique-Marianne Alfieri de Tournon, la
somme de 1.000 livres ; 2° à D. sœur Angèle-
Constance, son autre fille, religieuse, la somme de
200 livres ainsi qu'une pension de 50 livres ; 3° au
marquis Thomas-Marie, fils aîné du marquis
son fils, une pension de 100 livres, et aux comtes
Marie-Joseph et Marie-François Xavier, autres
fils dudit marquis, une somme de 5.000 livres dès
qu'ils seront parvenus à l'âge de 18 ans ; 4° à Ma-
rie-Monique et Marie-Delphine, filles dudit marquis, son fils, 5.000 livres ; 5° elle fait héritier
universel le marquis Charles-Augustin-Antoine
Maillard de Tournon, son fils.

Elle laisse un sac scellé dans lequel on trouvera mille livres destinées à faire célébrer des messes pour le repos de son âme, savoir : 200 à l'église de *St-Augustin,* 100 à la *Consolata,* à la *Visitation,* à *St-Dalmas,* au *Monte,* 300 aux Jésuites, et le reste sera distribué en aumônes.

La marquise Eléonore-Marie-Saluces de Paesana mourut à Turin le 20 avril 1769 et fut ensevelie à côté de son mari.

C'est donc dans l'église de St-Augustin, à Turin, que reposent le corps du grand-père et de la grand'mère maternels de l'illustre poète Victor Alfieri.

XII.

CHARLES-AUGUSTIN DE MAILLARD

MARQUIS D'ALBY, DE ST-DAMIEN, ETC.

Enseigne, — Lieutenant, puis Capitaine dans le Régiment des Gardes, — Major d'infanterie, — Colonel au Régiment de Pignerol, - Brigadier d'infanterie, — Major-général d'infanterie, — Gouverneur de la ville et de la province de Suse, — Lieutenant-général d'infanterie, — Gouverneur de la province de Saluces.

Charles-Augustin Maillard, né à Turin le 7 mai 1716, est nommé enseigne *(alfiere)* au régiment des Gardes le 7 mai 1732, lieutenant dans ce même corps le 9 février 1734 et capitaine le 22 mars 1735 avec un traitement de 1.146 livres argent.

Le 25 novembre 1741, il épousa demoiselle Marianne dal Pozzo, fille aînée du Prince de la Cisterne Don Alfonse Henry dal Pozzo et de dame Rovera marquise de Voghera ; née à Turin le 2 janvier 1723, décédée au même lieu le 4 mai 1793.

Il eut de ce mariage :

1° Victor-Joseph-Ignace, né le 12 septembre 1742, mort à peine âgé de 4 ans.

2° Charles-François-Henry-Etienne, né le 26 décembre 1743, mort à l'âge de 6 ans.

3° Victor-Amédée-Thomas-André-Marie, qui suit, né à Turin le 10 novembre 1747.

4° Gaspard-Marie-Nicolas-Benoît-Louis, né le 10 septembre 1750, mort à l'âge de 3 ans.

5° François-Joseph-Amédée-Marie, né à Turin le 23 janvier 1752 ; — était encore vivant en avril 1807, époque à laquelle son frère Victor-Amédée rappelle dans son testament *l'amitié constante qui les unit.*

Le chev. François Maillard de Tournon, au sortir de l'Académie militaire, fut promu le 5 mai 1772 sous-lieutenant de cavalerie dans les dragons.

En 1785, le 28 mars, il fut promu capitaine au même régiment, et major le 13 février 1795.

Le 28 décembre 1796, il demanda et obtint de quitter le service pour raison de santé.

Le 7 janvier suivant, on lui accorda le droit de conserver son grade et l'usage de l'uniforme du régiment auquel il appartenait.

Il mourut en 1809, comme on le voit par l'acte de décès qui suit :

EMPIRE FRANÇAIS

L'an 1809 le 24ᵉ jour du mois d'avril à 11 heures du matin par devant nous, maire adjoint de la ville de Turin... sont comparus... lesquels nous ont déclaré que ce matin à 6 heures est décédé de maladie inflammatoire le sr Joseph Francois Marie Maillard propriétaire âgé de 57 ans, né et domicilié à Turin à la section du Mont Cenis Rue Bellezia n° 4, maison propre, au 1ᵉʳ étage, fils célibataire à feu Augustin Charles Maillard et Marianne del Pozzo.

6° Augustin-Xavier-Marie-François, né à Turin le 1ᵉʳ janvier 1754 ;

7° Thérèse-Marie, professe au couvent de la Visitation, à Pignerol, le 25 août 1764, morte le 20 juillet 1775 ;

8° Barbe-Eléonore-Marie-Dauphine, née à Turin le 10 novembre 1756, mariée le 10 juin 1775 au comte Louis-Marie de Biandrà de Saint-Georges et Foglizzo.

Le 20 février 1744, Charles-Augustin de Maillard, marquis d'Alby, est nommé capitaine de grenadiers au régiment provincial de Pignerol ; le 26 mai suivant, en récompense de sa belle conduite à la défense des tranchées de Villefranche contre les Gallo-Espagnols, il reçoit le titre de major d'infanterie.

Le 11 avril 1747 et le 17 juillet 1755, il est successivement nommé lieutenant-colonel et colonel de ce même régiment. Le 13 mars 1771, il devient major-général d'infanterie.

Le 14 décembre 1771, il reçoit le gouvernement de la ville et de la province de Suse, et le 20 mars 1775 celui de la ville et de la province de Saluces, sans obligation de résidence.

Le 3 septembre précédent, il avait été fait lieutenant-général d'infanterie.

28 décembre 1755. — Testament du marquis Charles-Augustin Maillard de Tournon :

Suivant en cela l'exemple de son père, il s'occupa de son testament bien des années avant sa mort. Comme lui, il voulut être enterré à Rumilly, s'il mourait en Savoie, ou dans l'église de

Saint-Augustin, à Turin, s'il mourait en Piémont, sans pompe et accompagné seulement de quatre flambeaux.

Après avoir reconnu les dispositions faites par son père en faveur de la marquise de Tournon, sa mère, relativement à son appartement, son argenterie, meubles, voitures, il en fit d'analogues en faveur de la marquise Marianne d'Alby, sa femme, et lui laissa 1,500 liv. en don et une pension de 5,500 liv. pour son entretien, outre les meubles, argenterie, chevaux et voiture.

Il fit aussi quelques donations à sa sœur, la comtesse Alfieri di Castagnole ; à sa tante, sœur Philiberte, et à sa sœur D. Angèle, religieuses au couvent de Sainte-Croix.

Il lègue au comte Joseph de Maillard, son second fils, et au chevalier Xavier de Tournon, son troisième fils, une somme de 1,500 liv. en cadeau et une pension de 1,500 liv.; il laisse à Thérèse, sa fille, une somme de 35,000 liv. à titre de dot et 5,000 liv. de trousseau ; il nomme enfin son héritier universel le marquis André-Thomas-Victor-Marie d'Alby, son fils bien-aimé.

Dans l'intervalle, sa femme ayant mis au monde, le 11 novembre 1756, une fille appelée Barbe-Éléonore-Delphine, il lui donne, par un codicille du 9 février 1757, 25,000 liv. à titre de dot et 5,000 liv. de trousseau, sans préjudice de ce qu'il a laissé à sa fille aînée.

Sa première fille, Thérèse, s'étant faite religieuse à la Visitation de Pignerol, il charge son héritier universel de lui donner 200 liv. de pension et un cadeau de 300 liv., dix-huit mois après sa mort.

Charles-Augustin Maillard de Tournon mourut le 24 mars 1778. Sa veuve testa le 20 mars de l'année suivante ; elle légua : 1° aux demoiselles Marianne, Delphine et Gabrielle, filles de son héritier universel, et autres à naître, une somme de 4,000 liv.; 2° à chacun de ses fils, les chevaliers Joseph et Xavier, la somme de 10,000 liv., et institua héritier universel son fils le marquis Victor-Amédée de Tournon. Elle mourut le 4 mai 1793.

« Le mariage de Charles-Augustin Maillard avec la fille du prince de la Cisterne est l'une des belles alliances de la famille. L'on sait qu'Amédée-Ferdinand, duc d'Aoste, qui fut quelque temps roi d'Espagne, avait épousé en premières noces Marie-Victoire-Charlotte, princesse de la Cisterne, morte en 1876.

XIII.

VICTOR-AMÉDÉE III DE MAILLARD

MARQUIS D'ALBY, ETC.

Enseigne. — Aide-major. — Lieutenant au régiment provincial de Pignerol.— Capitaine-Major d'infanterie. — Gentilhomme ordinaire de la Chambre. — Lieutenant-colonel d'infanterie.

(Né le 10 novembre 1747, mort le 24 janvier 1816.)

Le 13 mars 1763, il est nommé enseigne *(alfiere)* au régiment provincial de Pignerol, dont son frère avait été colonel.

Le 23 janvier 1768, il devient aide-major au même régiment ; le 27 octobre 1771, lieutenant d'infanterie.

Le 16 mai 1772 il épouse Laure-Marguerite Guidobono-Cavalchini, née en 1743, nièce du cardinal Charles-Albert Guidobono. Il eut de ce mariage :

1° Thérèse-Marie-Caroline, née à Turin le 29 décembre 1773 ;

2° Charles-Joseph-Louis, né le 25 décembre 1774, mort le 14 février suivant ;

3° Delphine-Josephe-Antoine-Marie, née le 16 mars 1776 ;

4° Joséphine

5° Pierre-François-Charles-Louis-Marie, né à Turin le 1er décembre 1781, mort avant 1807 ;

6° Henriette-Marie-Thérèse, née le 12 ou le 13 janvier 1784 ;

7° Félix-Jean-Henry-Alexandre-Marie, né à Turin le 10 juillet 1791 ;

8° Victoire... ; elle vivait encore en 1814 ; morte jeune à Notre-Dame-de-l'Oropa.

Le 13 avril 1775, le marquis de Tournon-Alby est nommé capitaine d'infanterie ; — major le 28 septembre 1776 ; — gentilhomme de la Chambre (honoraire) le 7 décembre 1784 ; — lieutenant-colonel d'infanterie le 4 avril 1789 ; — gentilhomme effectif de la Chambre du Roi le 8 décembre 1789.

« Le 9 septembre 1784, par acte Torreta notaire à Turin, il vend la baronnie du Bouchet à Jean-Claude Demotz, substitut de l'avocat des pauvres au Sénat de Savoie, pour le prix de 30,000 livres. Les terres avaient une superficie de 187 journaux, environ 60 hectares. »

(CROISOLLET. *Hist. de Rumilly, Supplément,* p. 90.)

Il fait un testament olographe le 10 avril 1807 ; il s'y dénomme : *Je soussigné Victor-Amé Maillard Tournon, propriétaire.* Il mourut à Turin le 14 janvier 1816.

Sa femme ne lui survécut que 5 jours, étant décédée le 19 janvier. Ils instituèrent héritier leur fils unique, le marquis Félix, et firent des legs à leurs filles Marie-Anne (Caroline), épouse du comte Raphaël Bertodano de Bielle ; Delphine, épouse de Massaglia Pensa ; Joséphine, veuve du marquis Corvetto di Camerano ; Henriette, femme du comte Radicati di Passerano, et Victoire.

XIV.

FÉLIX-JEAN-HENRY-ALEXANDRE MAILLARD

MARQUIS DE TOURNON, D'ALBY, ETC.

Avocat, — Sous-lieutenant au régiment provincial de Turin (gardes), — Gentilhomme de bouche de S. M., — Lieutenant au régiment provincial de Turin (gardes), — Capitaine au régiment grenadiers-gardes, — Capitaine d'ordonnance dans les gardes, a fait la campagne de 1815.

(Né à Turin le 10 juillet 1791, décédé le 27 septembre 1819, à Alexandrie.)

Le 2 décembre 1809, il obtient le diplôme de bachelier en droit :

UNIVERSITÉ IMPÉRIALE

Au nom de Napoléon, Empereur des Français, Roi d'Italie, etc.,

Nous Louis de Fontanes, grand maître de l'Université Impériale, Comte de l'Empire,

Vu le certificat d'aptitude au grade de Bachelier, accordé le 22 juin 1809 par le doyen et les professeurs de la faculté de droit, Académie de Turin, au sr Maillard de Tournon Félix Jean, — né à Turin — le 10 juillet 1791.

Vu l'approbation... — Donnons par ces présentes au sr Maillard de Tournon le diplôme de Bachelier en droit.

Fait au chef lieu — à Paris le 26 décembre 1809.

Le gd maître Fontanes.

Diplôme de Licencié en droit — à Paris le 3 août 1810 ; *signé* Fontanes.

A la Restauration et le 8 décembre 1815, Félix Maillard de Tournon est nommé sous-lieutenant ; gentilhomme de la bouche le 22 février 1815 ; lieutenant dans le régiment provincial de Turin le 12 août suivant ; il fait la campagne de 1815 ; lieutenant provincial de grenadiers d'élite le 4 septembre 1817. Il meurt quelques jours après, le 27 septembre, à Alexandrie.

Voici l'espèce d'acte de décès de ce dernier des *Maillard* que voulut dresser le curé de la paroisse de Saint-Augustin, de Turin :

Die 27 septembris, ill^{us} D. Felix, marchio di Tournon, filius quondam illustrissimorum D. D. Victoris-Amedei et Lauree Cavalchini di Garofano, jugalium, marchionum Maillard de Tournon, dux legionis dicte *delle Guardie,* æ'atis suæ annorum 28 circiter, Alexandriæ obiit et in libro mortuorum eum descripsi ut jam meus naturalis parochialis.

« Nota.— On peut lire sur les Maillard, *comtes de Tournon,* ce que le P. Archange en a dit dans son *Précis historique sur le château de Tournon* (tome III des *Travaux de la Société d'histoire de Saint-Jean de Maurienne,* p. 212 et suivantes).

On se souviendra, toutefois, qu'il n'y eut pas de correspondance échangée entre saint François de Sales et Pierre Maillard. Le destinataire des lettres de 1613 et de 1614 fut Prosper-Marc Maillard, qui mit l'évêque de Genève-Annecy au nombre de ses exécuteurs testamentaires.

On remarquera au cours de ce travail et dans les *Documents* qu'en 1545 les Maillard élisent leur sépulture dans la chapelle sous l'invocation de *saint Maurice, près* de l'église paroissiale *(Document* IV). Plus tard, notamment en 1688 et en 1739, ils parlent du caveau de leur famille placé à côté du chœur, *dans* l'église de Rumilly, sous la chapelle de *Saint-Pierre*.

Dans une note adressée par le député Bosio à M. A. Dufour, il est dit que le *corps* du cardinal de Tournon a été enseveli à Rome, dans l'église des *Rois mages,* et ne se trouve pas sous le beau monument en marbre et bronze élevé à la mémoire de ce prélat. »

DOCUMENTS

I.

16 février 1466.

*Mariage entre noble Jean III de Maillard
et demoiselle Jeanne de Lornay.*

(Archives de la Famille. — Parchemin.)

Anno a nativitate Domini sumpto millo quatercento sexagesimo sexto jnditione decima quarta et die vero sexdecima mensis februarij. Per huius veri publici instrumenti tenorem cunctis fiat manifestum. Quod cum tractatum extiterit de matrimonio contrahendo inter nobilem Johannem Malliardi de Rumilliaco ex una et nobilem Janam filiam quondam nobilis Petri de Lornay partibus ex alia. hinc est quod coram nobis notarijs publicis et testibus infrascriptis, Prefatus nobilis Johannes Malliardj promittit Juramento suo super euangeliis dei sanctis per ipsum manualiter tactis prestito accipere in uxorem et suam legitimanm sponsam dictam nobilem Janam sancta matre ecclesia et jure canonico non repugnantibus et nobilis glaudius de Lornay patruus prefate nobilis Jane, nobilis Johanneta de Charno relicta nobilis Petri de Lornay mater eiusdem nobilis Jane et nobilis Ludovicus de Lornay, frater eiusdem Jane, promictunt consimili juramento procurare cum omni effectu quod dicta nobilis Jana nubet cum prefato nobili Johanne Malliardi et ipsum accipiat in virum et sponsum suum legitimum Deo et sancta matre ecclesia concedentibus. cujusquidem matrimonii contemplatione prefati nobiles Glaudius patruus Johanneta mater et Ludouicus frater eiusdem sponse scilicet ipse nobilis Ludouicus nomine suo et nobilis Amedei de Lornay eius frater, omnes insimul et ipsorum quilibet principaliter et insolidum dant et constituunt prefato nobili Johanni Malliardi sponso presenti stipulanti et recipienti in dotem pro dote et nomine dotis dicte nobilis Jane sponse proque omnibus ipsius nobilis Jane juribus paternis et maternis reseruata legali successione seu excheuta, videlicet octocentum florenos parui ponderis computato quolibet floreno pro duodecim denariis grossis monete Sabaudie. Quosquidem octo centum florenos parui ponderis dotales promictunt prenominati nobiles glaudius patruus, Johanneta mater, ludouicus frater eiusdem nobilis Jane sponse et dictus ludouicus nominibus quibus supra... dare... et realiter expedire prefato nobili Johanni Malliardi sponso in pace et sine lite terminis et solutionibus infrascriptis videlicet incontinenti ducentum florenos pp et de proximo festo pasche in vnum annum quinquaginta florenos pp. et sic successive de anno in annum eodem termino... quinquaginta flor. usque ad plenam solutionem... Et eandem nobilem Janam sponsam munire de vestimentis honorifice secundum eius statum... Quam vero dotem vnacum quatercentum florenis pp. quos prefatus nobilis Johannes Malliardi sponsus prefate nobili Jane licet absenti... dat et constituit in augmentum dotis secundum bonos usus et consuetudines patriæ promictit ipse nobilis Johannes Malliardi sponsus per juramentum... reddere restituere et soluere prefate nobili Jane sponse seu causam habituro ab eadem in omni casu dotis restitutionis, quod absit, per consimiles terminos et solutiones quibus dicta dos est supra solutura.... Submictentes dicte partes se et suos et omnia bona sua.... omnibus et singulis curiis .... Actum apud cholex in domo forti eorumdem nobilium presentibus nobilibus Jacobo domino de charanczonay... etc. Ego vero Jacobus Ronzerii de Rumilliaco... notarius.... vocatus presens interfui et hoc instrumenum cum dicto Petro Luyseti rogatus recepi etc.

II.

5 février 1496.

Lettres d'Ecuyer de la duchesse Blanche et de son fils le duc Charles II, pour noble Amédée Maillard.

(Archives de la famille. — Parchemin.)

Blancha ducissa sabaudiæ tutrix et tutorio nomine illmi principis filii nostri carissimi Karoli Johannis Amedei ducis sabaudie Chablasii et Auguste etc. Uniuersis facimus manifestum. Quod nos attendentes sensum prudentiam diligentiam, generis claritatem nobilitatem et alias Innumeras virtutes dilecti fidelis nostri Amedei Maliardi, nec non grata accepta et laudabilia servitia, per ipsius Amedei progenitores predecessoribus prefati filii nostri multipliciter, et accurate impensa et que dietim per dilectum fidelem *consiliarium nostrum Johannem Maliardi ejus genitorem* et ipsum Amedeum nobis et dicto filio nostro impenduntur, ac in dies impendi speramus. Ipsum igitur Amedeum Ibidem presentem et cum gratiarum actione humiliter acceptantem. Ex nostra certa scientia In scutifferum nostrum et prefati filii nostri harum serie retinemus sub librata duarum personarum et totidem equorum datorum aliorumque scutifferorum nostrorum numero et consortio aggregamus volentes quod illorum nomine preheminentiis prerogativis Immunitatibus.... gaudeat et potiatur quibus ceteri scutifferi nostri gaudent et potiri soliti sunt. Ipse enim nobis in talibus solitum et debitum prestitit Juramentum. Mandantes ea propter etc. Datas in Montecalerio die 5ᵃ februarii millesimo quatercentesimo nonagesimo sexto.

III.

28 juillet 1525.

Recognitio nobilis Jacobi filii quondam Johannis Malliardi de Rumilliaco.

Anno domini milllesimo quingentesimo vigesimo quinto Indicione iresdecima Et die vigesima octaua mensis Jullii Per presens etc.... Ad Jnstanciam Mis petri Mugnerii notarii publici commissarii que et Receptoris extentarum castri ville et mandamenti Rumilliaci ac totius Resorti eiusdem specialiter et legitime deputati stipulantis et Recipientis vice nomine et ad opus Illustrisimi principis domini nostri Karoli sabaudie etc.... Ducis et suorum etc.... Coram me commissario supranominato notario subsignato Personaliter constitutus nobilis Jacobus filius quondam nobilis Johannis Malliardi de Rumilliaco Qui gratis etc.... pro se et suis etc.... Insequendo recognitionem alias In manibus Egregii petri poncerii quondam notarii et pro tunc harum extentarum commissarii per nobilem Johannem Malliardi patrem quondam dicti confitentis factam confitetur etc.... se et suos predictos tenere de prelibato domino nostro sabaudie Duce et suis in emphiteosim perpetuam deque ipsius dominio directo ad causam vicedomnatus Rumilliaci res sequentes :

Et primo quamdam peciam prati sitam In territorio bocheti brœysie juxta pratum dicti confitentis ex occidenti pratum henrici galliardi quod fuit Jacobi gollieti nantumque douz prouaginet ex borea et Juxta pratum dicti henrici galliardi quod fuit dicti gollieti ex vento.

Item quamdam petiam vinee terre et nemoris continentem in toto circa duo Jornalia sitam Ibidem juxta pratum supra recognitum quadam via Intermedia ex oriente nemus eiusdem confitentis de alio ut dicitur feudo ex occidente et juxta nantum predictum douz prouaginet ex borea.

Pro quibus duabus peciis supra confinatis debere confitetur Idem nobilis confitens pro se et suis predictis prelibato domino nostro duci et suis quibus supra de seruitio annuali et perpetuo videlicet quatuor solidos gebennenses anno quolibet termino festi sancti Michaelis archangelli perpetuo persoluendos.

Promictens etc.... Renuncians etc.... Actum Rumilliaci ante domum seu In bancha scribanic mis commissarii supra nominati presentibus Ibidem egregiis Hugone Franconis notario, Johanne Mugnerii clerico et Glaudio Barberii testibus ad premissa vocatis et Rogatis.

Idem commissarius p. Mugnerii. N.

Summa seruitii. III I^{or} — S. Gebenn.

IV.

21 février 1545.

Testament de noble Jacques de Maillard seig^r du Bouchet.

Au non de Jesus nostre saulueur et redempteur amen. Par ce present public acte sachent tous presens et futueurs que l'an de grace prins à la natiuité dudict nostre seigneur Jesus courant mil cinq centz quarante cinq Indition troysièsme auec le mesme an prinse et le vingt unyesme jour du moys de feurier es presences de moy notaire et des tesmoings soubt escriptz et nommes constitué et establi en sa propre personne noble Jacques Malliard de Rumilly escuyer seigneur du bochet de ses sens gré pure et franche volente, de ses faictz et droictz souffizamment comme dict informé et bien aduisé considerant toute humayne creature estre mortelle..... A ceste cause..... ayant en soy sens memoyre entendemant et usage de rayson pour la grace de Dieu Jaçoyt qui soit debile malade et mal dispose de corps a faict disposé et ordonné faict dispose et ordonne son dernier testament nuncupatif et derniere volenté..... Premierement Recommande son ame a Dieu..... Son corps apres que d'icelluy son ame sera séparée veult commande et ordonne Il noble Jaques Malliard testateur estre enterre et sepulture en la *chapelle soub l'inuocation saint Mauris* pres l'eglise parro chiale saincte Agathe dudit Rumilly fondée et dotée en laquelle dist estre enterres les corps de ses parens ancestres et prédécesseurs En laquelle eglise parrochiale saincte Agathe veult commande et ordonne estre faicte sa sepulture exeques et funerallies esquelles sepulture exeques et

funerallies veult commande et ordonne estre dictes et
celébrées deuotemant a l'honneur et loange de Dieu
eternel omnipotent et pour le salut de son ame trois
centz messes à basse voix..... en ladite eglise parrochiale dudit lieu le jour de sa sépulture et enterremant
de sondict corps et troys jours apres prochainement et
continuellemant suyuantz et pour chaque messe troys
soldz monnoye Sauoye pour vne foys. Plus veult.....
estre dictes et celébrées en ladite eglise ledict jour de
sadicte sepulture..... et trois aultres jours après prochainement et continuellement suyuant douzes messes à
aulte voix a diachre et sous diachre c'est ung chescun
desdits quatre jours troys grandes messes a haulte voix
comme dessus et pour chascune desdites douzes grandes
messes estre donnés..... douzes solz monnoie predicte
pour vne foys. Plus veult..... estre dict en sa mayson
après son deces et trespas aupres de sondict corps la
nuyct deuant qu'il soit mis en terre le psaultier pour
six prebtres et a ung chascun diceulx estre donnés.....
six soldz monnoye predicte pour vne foys Et par six
aultres prebtres estre dictes ladicte nuyct..... en sadicte
mayson vigilles de l'office des trespasses et à ung chascun d'eulx estre donnés dix huictz deniers monnoye
predicte pour vne foys comme dessus. Plus veult.....
pour le luminayre de sadite sepulture treze torches de
cire estre pourtées..... par trezes pouures enfans habilles
et reuestus aux despens de sesditz heritiers de drapt
blanc ou noyrt a la volonté et discretion de ses parentz
et amys. Plus veult..... que dedans vng an de prochain
suyvant après son deces et trespas estre donné..... vingt
cinq coupes froment mesure de Rumilly..... a pouures
gens lesquelles auront plus grande necessité..... a la
discretion et ordonnance de Revd seigr Nicollas Mal-

liard prieur du prieuré dudit Rumilly son frère et de Rd seygneur Francoys Malliard fil dudit testateur. Plus veult..... que vng an après de prochayn suyuant son deces et trespas et a tel et semblable jour que sondit corps sera enterré..... estre dit et célébré en ladicte *chappelle de sainct Mauris* pres ladicte eglise dudict Rumilly fondée une grande messe a aulte voix auec diacre et soubt diacre de l'office des trepassés par les seig^{rs} prebtres et clers de chor de ladite église et après ladite messe estre dit dessus le tombeau dudit testateur y aspergent d'eau benoicte le respond desdicts trespasses *Libera me domine,* etc. auec les *Exaudi* comme ils ont accoustume fere Et successivemant et perpetuellemant tous les ans..... Et pour observer fere et acomplir annuellemant et ledit jour que dessus..... Il testateur donne et legue esdicts venerables seig^{rs} prebtres... dix huictz soldz monnoye que dessus de ausmone ou pension annuelle..... paiables par lesdits héritiers..... et lesquelx dix-huict soldz annuelz..... veult commande et ordonne estre...., ce mesme jour distribues aux prebtres et clercz de chor de ladite église presentz et assistantz à la célébration de ladicte messe..... Item veult..... sesdictz heritiers vniuerselz estre charges et tenuz poier annuellemant et au jour predict esdictz seigneurs de ladicte eglise iceulx dix huict solz annuelz..... jusque ilz heritiers ou les siens auroient poiés ensemble et a vne foys..... trente florins pp. monnoye sauoye pour acquicter les dix huict solz monnoye predicte cense ou rente annuelle et perpetuelle.....

Plus assigne assepte oblige specialement et expressement ypothèque ledict noble testateur a noble Ayma de Chastillion sa femme très chère pour 800 escus d'or sol. lesquelx il testateur dist assere afferme et confesse auoir receu de mariage et dote de sadicte femme c'est assauoir vne pièce de terre assise au territoire du Bochet et lieu appellé en les Escoray contenant environ 30 journaulx de terre ensemble deux pièces de vigne..... contenant environ 50 fossereez..... et pour icelles pièces hauoyr tenir et posséder par sadite femme sa vie naturelle durant fruictz vsufruictz..... plus assigne oblige assepte ledict testateur à sadicte femme..... oultre les pièces sus mentionnées pour la mantion et demourance d'elle vne chambre de la maison dudit testateur assise a Rumilly du cousté du vent ensemble deux aultres chambres appellees la garde roube et lemposterne et le gabinet de la tour assortissant à ladicte chambre Et le petit sertout de sadicte mayson estant dessoubt ladite garde roube...... pour iceulx membres de mansion..... hauoir tenir et posséder d'iceulx gaudir jouyr fruyr et vser par ladicte noble Ayma de Chastillion sa femme sadicte vie naturelle durant comme dessus.

Item donne et legue..... a noble Jehanne Malliard sa fille..... de pension annuelle sa vie naturelle durant ou durant le temps quelle soy abstiendra soy mariez ou estre de relligion ascauoir douze coupes de froment six sommées de vin bons et recepuables a la mesure de Rumilly et 15 florins p. p. monnoye Sauoye paiables a ladicte noble Jehanne sadicte vie naturelle durant ou jusquelle soyt mariée ou religieuse..... tous les ans au terme de la feste de sainct Andre apoustre. Plus donne et legue ledict testateur a ladicte noble Jehanne sa fillie sadicte vie naturelle durant ou jusques elle soit religieuse où mariée les fruictz vsufruictz..... annuels d'une pièce de terre ou de chenauier..... de l'an present acquise de Anthoyne Grange comme il dist assise au lieu du Bochet..... plus donne et legue..... à ladite no-

ble Jehanne sa fillie de deux ans en deux ans vne robe
et vne cocte souffizantes et honestes selon la qualité de
la personne d'elle paiables..... de deux ans en deux ans
au terme deuant dict..... jusques elle soit mariée ou religieuse comme dessus. Item donne et legue... a ladicte
noble Jehanne.... pour sa mantion habitation et demourance vne chambre en sadicte maison... Laquelle pension annuelle susdonnée et léguée veult... ledit testateur
que ladicte noble Jehanne sa fillie despende en sadicte
maison de Rumilly et non alieurs Et cas aduenant que
ladicte noble Jehanne Malliard vouldroit estre mariée
ou entrer en religion esdictz cas vng ou aultre aduenant... ledit noble testateur donne et legue et par droict
de legat et institution particulière delaysse à ladicte noble Jehanne Malliard sa fillie 600 florins pp. monnoye
Savoye pour vne fois ensemble les habilliementz apertenantz et conuenables a espouse si elle veult estre et
soyt mariée ou a religieuse si elle veut estre et soyt de
religion a ordonnance des parentz et amys paiables à
ladicte noble Jehanne par lesdicts héritiers vniuerselz
dudict testateur Et c'est pour tous et chescun ses biens
et droictz paternels et maternelz ..

Plus donne et legue... a damé Loyse sa fillie religieuse à Melan trente soldz monoye pour vne foys oultre toutes aultres choses a elle dame Loyse par il testateur jadis donnéez Et c'est pour tous et vng chescun ses
biens et droictz paternelz et maternelz.

Plus donne et legue... a noble Glaude Malliard sa
fillie femme de noble Francoys Philibert de la Fléchère
seigr dudit lieu oultre le mariage dote et aultres choses
à elle jadis donnees... sexante solz monnoye Sauoye
pour vne foy a elle ou es siens paiables par lesdictz héritiers dudict testateur après son deces et trespas Et

c'est pour tous et vng chescun ses biens et droictz paternelz et maternelz de ladicte noble Claude Malliard...

Item donne et legue... a noble Berthe Malliard sa
fillie pour tous et chascun ses biens et droictz paternelz
et maternelz 2,000 florins p.p. monnoye Sauoye pour
vne foys, paiables... à ladicte Berthe sa fillie quant elle
sera mariée après le deces et trespas dudit testateur aux
termes que alors seront establis et ordonnes par les parentz et amys dudit testateur, plus donne et legue... a
ladicte noble Berthe sa fillie les habilliemantz à elle
apertenantz et conuenables selon la quantité desditz
2,000 florins... et qualité de sa personne... paiables
prochainemant Et soubt condition... que ladicte noble
Berthe Malliard sa fillie se marie et doibge marier des
volonté conseil consentement de ses parents et amys Et
si autremant elle se marie sans les vouloir conseil et
consentemant de sesdits parentz et amys audit cas...
ledit noble testateur donne et lègue... à ladite noble
Berthe sa fillie pour tous et chescuns sesdits biens...
mil florins p. p. monnoye predicte tant seulemant ensemble les habilliemantz comme dessus...

Item donne et legue... a Reuerend seigr François
Malliard son fils prebtre vingt cinq escus d'or solz au
coing du Roi pour une foys Et pour sa mantion habitation et demourance vne chambre de la mayson dudit
testateur... C'est la chambre du Reverend seigr Nicollas Malliard son frère dudit testateur et poruueu dudit
prieuré de Rumilly ensemble la garde roube et gabinet
de la tour apertenant à ladicte chambre sa vie naturelle
durant après ledit seigneur prieur son oncle Et c'est
pour tous et chascuns ses biens et droictz paternelz et
maternelz dudit Revd seigr François Malliard...

Item donne et legue ledict testateur a noble Pierre

Malliard son très cher fil et heritier universel soubt institué en prérogatiue et oultre sa quote partie et portion des aultres biens droicts et héritage dudit testateur soubt escripte Cest vne pièce de terre assise au territoire de la Curdie pres la ville dudit Rumilly contenant environ 14 journaux... ensemble vne grange a ladite pièce adjacente et contigue.

Plus donne et legue... a Jehanne fillie de feu Jehan du Passieur dict Marmoson... chambriere dudit testateur... pour charilé et ses seruices 20 florins pp. monnoye Sauoye pour vne foys...

En tous et chascun ses aultres biens... ledit noble testateur institue et nomme de sa propre boche ses heretiers vniuersaulx les susdits noble Pierre Malliard son fil et les siens pour la moytié et noble Jehan Philibert Malliard aussi son fil pour l'aultre moytié Et c'est jusques audict Jehan Philibert Malliard soit pourueu de beneffices ecclesiastiques ou de l'ordre des cheualiers de Roddes jusques à la somme de 200 florins pour vng chescun an et qu'il veuille estre et deuenir homme de esglise ou desdicts cheualiers de Roddes auquel cas... Il soit tenu delaysser ceder quitter et remectre entièremant audit noble Pierre Malliard son frere tous et chascun ses biens droicts et héritage paternelz et maternelz Et au predict cas aduenant et a present pour lors ledit noble testateur institue et nomme son heritier vniuersel... ledit noble Pierre Malliard son fil... et c'est pour et moyennant 25 escus dor sol lesqueulx il testateur donne et legue et par droict de legat et institution particuliere delaisse... audit noble Jehan Philibert son fil... et moyennant iceulx icelluy Jehan Philibert exclut et dejète de tous et chascun ses biens... paternelz et maternelz comme dessus Et cas aduenant que l'vn ou

l'autre desdictz nobles Pierre et Jehan Philibert Malliard... decederont sans hauoir enfans... a icelluy des
deux frères ainsi decedant... substitue en sesdictz biens
... l'autre d'iceulx frères superuiuant E₁ cas aduenant
quilz nobles Pierre et Jean Philibert Malliard frères
decederont sans hauoir enfans... ledit noble testateur...
veult commande et ordonne et faict vsufructuaires de
tous et chascun sesdicts biens... les susnommés R⁴uè-
rends seig᷊ʳˢ Nycolas et Francoys Malliard son frere et
fil a leurs vies naturelles durant et le superuiuant d'i-
ceulx... aussi a sa vie naturelle durant... substituant
audit cas... à sesdits fils et héritiers vniuerselz sus insti-
tués... et nommés decedans comme dessus sans hoirs
naturelz et legitimes... les prenommées Claude Malliard
dame de la Flechère et Berthe Malliard ses fillies...
et chascune d'elles pour la moytié *alteram ipsarum
superoiuentem alteri earumdem sine liberis... dece-
denti ut supra substituendo...* Et cas aduenant que les-
dictes nobles Clauda et Berthe Malliard... decederoient
sans hoirs naturels et legitimes... a icelles... substitue..
nobles François et spectable seig᷊ʳ Pierre de Chauanes
docteur es droict frères et leurs hoirs naturels et legitimes...

Faict et passé publiquement a Rumilly en la salle de
la mayson dudit noble testateur en laquelle il estoyt
gisant en son lict malade et debile de corps es presences
de R᷊ᵈ seig᷊ʳ Denys Portier prothonotaire apostolique curé
de preveranes noble et puissant seig᷊ʳ Françoys de Beaufort seigneur du boes nobles ame Rigard chastelain de
Rumilly Claude de Chauanes Anthoine Juge honorables
Jehan Blanchet Jehan de Surget Jehan Antoine Robert
et maistre Jehan Mugnier bourgeoys dudit Rumilly
pour tesmoins à ce requis et demandés.

V.

3 novembre 1560.

Provisions du Gouvernement de Savoye pour m^{re} Pierre Maillard s^r du Bouchet.

(Archives de la famille. — Parch. orig. n° 3.)

Emmanuel philibert par la grace de dieu duc de savoye etc... Considerant comme il convient pour la conservation de nos estats et puppblicq reppoz de noz subiectz pourvoyr selon l'importance des lieux au regime et gouvernement diceulx de celles personnes lesquelles cognoissons ydoynes a l'exercice de telle charge Et estant pour ce necessaire de pourvoyr d'ung gouverneur au lieu de Chambery et ressort du baillage de savoye d'une personne asseurement de bien feable prudente saige et experimentée preudhomie et suffisance tant au regime de la police comme à la protection militaire et congnoissant bien fort par tant de preuves nostre amé et feal mess° pierre Maillard chevalier seigneur du bochet estre orné des susd^{tes} et aultres bonnes qualitez pour le long et affectionné service par vous faict à feu de bonne memoyre nostre tres cher seigneur et pere que dieu absolve et a nous encores en l'office de maistre d'hostel et conseiller d'estat et chambellan et pour vous estre si bien acquicte de tant de charges d'importance que vous avons commises de maniere que cougnoissons nous pouvoir seurement reposer sur vos yeulx et nous promettre de vous celle mesme foy et loyaulté à nostre service qui se peult d'ung nostre tres fidelle vassal nous a semblé meritamment vous créer et députer comme par ces presentes de nostre certaine science et avec meure déliberation de nostre conseil vous creons et deputons nostre gouverneur du lieu de Chambery et ressort de nostre balliage de savoye pour nous y servir aux honneurs privileges.... qu'a tel estat appertiennent et qu'ont communement de coustume d'havoyr et auront nos aultres gouverneurs de nos estats avec les gaiges establis a part et durant nostre bon plaisir à la charge que presteres le serment en tel cas requis nous persuadant qu'avec vostre prudence tiendres ce peuple en bonne paix et union pour semploier à nostre service quant il se presentera l'occasion. Si donnons en mandement par ces^{des} presentes a tous noz ministres officiers et vassaulx mesmement à ceulx dependant de vostre gouvernement .... quilz les ayent à observer et fere observer de point en point.... Donné à Montcalier le 3 9bre 1560.

E. Philibert.

V^a *Stroppiane.*

Rossier.

VI.

3 mars 1563.

Contract d'Infeudation pour messire pierre Malliard, chev^r seig^r du Bochet gouverneur de savoye de la Jurisdiction et maison forte du Bouchet.

(Patentes de Savoie, 1563. — Vol. n° 2. Page 203.)

A tous soit notoire et manifeste que comme ainsi soyt que très hault tres illustre et tres puissant prince mon-seig^r Emmanuel philibert par la grace de dieu duc de savoye chablais et aouste etc.... Despuis l'heureuse restitution de ses Estats ait esté contrainct de fere plu-sieurs grandes despences tant pour la reparation de ses maisons la plus part demolyes par l'injure du temps et des guerres que aussi pour les fortiffications de ses chasteaux de nyce montmélian ville de Bourg cittadelle de Verceil et aultres pour l'asseurance et préservation de ses estatz et que de nouveau pour le recouvrement de ses villes de Turin Quiers Cherax et Villeneûfve d'Ast ait este de besoing que S. A. ayt presté a la ma-jesté du Roy de France très chrestien la somme de cent mil escus Lesquelles charges il luy serait impossible de supporter sans fere quelque alienation de son patri-moine et domaine. Pour ce est il que par devant moy notaire ducal soubz signe et en présence des tesmoingts soubnommez establyement en sa personne led^t tres hault et tres puissant et tres illustre prince lequel vend par titre de pure simple et perfaicte vendition en nul temps revocable a messire pierre Mailliard chev^e s^r du Bochet Baron de chiuron gouverneur et lieutenant pour S. A. en ce pays de savoye présent Scavoir est la Jurisdiction haulte

moyenne et basse mère et mixte empire et tous aultres
droitz dicelle jurisdiction soyent cours deaulx disposition
de prothocolles des notayres et aultres droictz quelconques et comprins dans les limites et confins cy après
speciffiez assavoir des le lieu ou entre le nant de lera
dans la riviere deffa(1) et le long de lad° rivière deffa jusques la ou elle entre dans celle de cheran et le long de
celle de cheran jusques à la jurisdiction du s¹ de Lornay
et tirant droict à la montagne de chaulagne jusques à
la fin de la dicte jurisdiction de Lornay et des la fin
dicelle tirant a lad° montagne jusques a la jurisdiction
du s¹ de chateaufort et dez Icelle le long et le hault de
la montagne fillant droict jusques à la jurisdiction du s²
de chastillion en choutaigne Et des Icelle Jurisdition
de chastillion fillant droict a la source du nant de leya
En sorte que dans iceulx confins soyt comprins entiere-
ment le village de poisoz et des lad° source le long le
cours dicelluy nant Jusques la ou il entre dans lad° rivière deffa avec tous aultres confins pour Icelle Jurisdition haulte moyenne et basse mere et mixte empire leurs
appartenances et deppendances droictz et aucthoritez sus-
dictz joindre a sa maison du bochet tenir Jouyr et posséder
par led¹ s² du Bochet et les siens heritiers et successeurs
avec pouvoyr de cognoistre par le moyen de ses juges
et officiers de touttes matieres civilles et criminelles et
sur toutes personnes tant natifz que habitans ou trouvez
dans et sur les terres es lieux sus especiffiez ou delin-
quantz sauf et reserve les personnes des nobles habitans
de present dans les susd¹ᵉˢ limites lesquelz pour legard

---

(1) Ce nom d'*Effa*, petite rivière de la vallée de Rumilly, s'est changé en celui de *Néphaz*, sans doute parce
que l'on disait : aller laver, aller pêcher *en Effaz*.

de la Jurisdition sur Iceulx nentend led^t seig^r Duc
vendeur estre comprins en la présente vendition ains les
a reserve et réserve et aux fins de l'exercice de lad^e Jurisdition sus vendue a led^t tres Illustre prince vendeur
donné et donne pouvoyr et faculté aud^t achepteur dy
pourvoyr de tous offices de Judicature et aultres et
semblablement de fere eriger forches patibulaires a deux
pilliers et des beches ou pilliers sur les chemins publicz
avec girouettes banderolles et pennonceaulx et generall-
lement toutes aultres auctoritez et preheminences qu'ont
les aultres seig^r banneretz de ce pays sans rien sen
reserver led^t seig^r Duc sinon la souvereraineté foy et
hommage tant dud^t s^r du bochet que des nobles
reservez comme dessus Et a son senat la cognoissance
des appellations en dernier ressort Joignant et unissant
S. A. la dicte Jurisdition sus vendue *a la maison forte
du bochet* appartenant aud^t achepteur en sorte et maniere que celluy qui sera seig^r et possesseur dicelle
maison soyt aussi seig^r et possesseur de lad^e jurisdition
sans quelle sen puisse séparer ne desunir en tout ou en
partie Et se faict la presente vente pour et moyennant
le pris et somme de cinq cens escus de troys livres
ducales lung heuz et realment receuz par led^t seig^r
Duc vendeur dud^t achepteur en presence de moyd^t
notaire et tesmoingtz.... led^t seigneur duc de son propre
mouvement libre volunte et auctorité souveraine Tant
ayant esgard audit pris que aux bons et aggreables
services faictz à S. A. par ledit achepteur a erige et
erige en tittre de Jurisdition et seigneurye soubz l'appellation et denomination de maison forte et Jurisdiction
du Bochet. Promectant mondit seig^r le duc en bonne
foy et parolle de prince.... Et sen devestissant et
Icelluy achepteur Investissant par la tradition d'une plume

et poignard.... ·Faict et passé dans le chasteau de la ville de Montmellian le 3ᵉ Jour du moys de mars l'an de grace mil cinq cens soixante troys Indition 6ᵉ en présence de Rᵐᵉ seigʳ messire Jerosnime de la Revere conseilʳ destat de sadᵉ alt. Evesque de Tollon. Messire Loys Oddinet sʳ et baron de Montfort aussi conseilʳ d'estat et president en la chambre des comptes. Guy de sᵗ georges escuyer de sadᵉ alt. et mesʳᵉ Jehan francois Rossier des maistres en ladᵉ chambre tesmoingtz a ce requis et appelles Et moy bernardin Blanchard bourgeois de Montmellian notaire ducal et commis de monsʳ mesᵉ Icham Fabri seigʳ de Cly conseilʳ et premʳ secretᵉ destat et de finances de sadᵉ altᵉ par commandement dicelle en labsence de son dᵗ secretaire ay receu le present public Instrument.

Signé BLANCHARD.

« La juridiction du Bouchet comprenait les hameaux du Bouchet et de Broise sur Rumilly, et toute la commune actuelle de Moye. »

VII.

10 mai 1590.

Extrait de contrat dotal entre Mre Prosper comte de Tournon et damoyselle Philiberte de Beaufort sa femme.

L'an de grâce 1590 et le 10e jour du mois de may par le présent acte soit manifesie comme soit que mariage aye esté contracté... de mpuis sollemnisé... entre hault et puissant seigneur mes^re Prosper Maillard comte de Tournon... d'une part et damoyselle Philiberte fillie de Me Antoine de Beaufort... A ceste cause est que par deuant moy George Girod de Massingie bourgeois de Rumilly notaire ducal s'est establie ladicte dame Claude de Charansonnay fille de feu Me George de Charansonnay des maistres d'hostel de S. M. très chrestienne seig^r dudit lieu de Mallagny, St Marcel du Vivier dessus Thone et Reynoz (*Regnez ?* à Massingy près Rumilly) mère de ladite damoyselle Philiberte de Beaufort laquelle a constitué pour la dotte de mariage d'icelle damoyselle Philiberte sa très chère fillie audit seig^r comte de Tournon espoux icy présent et acceptant... a scauoir la somme de 2,000 escus d'or... sous l'obligation et expresse hypothèque de tous et ung chescung ses biens... Et pour la benivolence et contemplation dudit mariage personellement estably ledit seig^r comte espoux lequel constitue en augment... dudit mariage à ladite damoyselle Philiberte de Beaufort son épouse... la somme de 1,000 escus d'or en suiuant les bons us et bonnes coustumes du peys...

Oultre ce que dessus ladite dame Claude de Charansonay donne... pour la dot de sadite fille audit seig^r comte... 400 escus d'or heuz et reallement receuz par ledit seig^r comte... et ce en vne chaine d'or pesant 4 liures... et en contemplation desquels 400 escus d'or procédés de ladite chaine, ledit seig^r comte espoux... constitue en augment... la somme de 200 escus d'or.

Et oultre tout ce que dessus ladite dame Claude de Charansanay donne et constitue en pur don à sadite très chère fillie une croix d'or garnie de diamans et aultres pierres précieuses...

Et oultre tout ce que dessus personnellement s'est establye ladite damoyselle Philiberte de Beaufort es--pouse laquelle... donne baillie et constitue en dot et pour le dot d'elle mesme... audit seig^r comte son es-poux... tous et vng chescuns ses biens, noms, droicts... paternels...

Et oultre ce que dessus ledit seig^r comte espoux donne... en augment... dudit dot pour raison de la sus-dite dernière constitution... 800 escuz d'or et où lesdits biens... pourroient estre euallues de plus que 1,600 es-cuz d'or, promet ledit seig^r comte donner... outre ce que dessus... a la forme de l'evaluation desdits biens debuoir a faire par prudhommes...

Et d'autant qu'entre les seig^{rs}... la coustume liberale est denjouailler et donner bagues et jouaux à leurs fem-mes et espouses, ledit seig^r comte espoux... constitue à icelle damoiselle Philiberte de Beaufort son espouse... la somme de 400 escus d'or et ce à cause de nopces.

Faict à Rumilly en la maison des enfans de feu hon-neste Pierre Perret, présent R^d Henri Jordain docteur en droict aduocat au souverain Senat de Savoie et ba-chelier en theologie, etc. Et moy dit George Girod no-taire ducal soussigné, etc.

·VIII.

28 juillet 1598.

Quittance pour mes^re Prosper Maillard comte de Tournon au nom de S. A. R. passée par l'advoyer et conseil de la ville de Fribourg.

Nous l'aduoyer et conseil de la ville et canton de Fri-. bourg en Suisse, confessons par ces présentes, que nous auons ehu et manuellement receu a nostre contente-ment, de illustre généreux et puissant seig^r Prospero de Maillard comte de Tournon conseillier de très illustre hault et très puissant seig^r et prince Charles Emanuel par la grace de Dieu duc de Sauoie etc., nostre très hon-noré seig^r allié et confédéré, et son ambassadeur ordi-naire aux païs des Ligues, par les mains de son thréso-rier ou commis le seig^r Theophile Magnel Assauoir 225 escus d'or pistolets d'Italie, legitime coing et poids, pour la pension de nostre ville, auec quarante aultres escus d'or sol, du coing de France pour la pension des estu-diants de nostre ville. Le tout escheu sur le premier jour du mois d'octobre en l'an de grace courant 1596; au contenuz de la confédération et ligue qui est entre la-dite serenissime Altesse et les cantons de Lucerne, Ury Schweiz Underwalden Zug et nostre ville et canton les-quelles sommes nous tenons comme tres contents, Et en quitons ledit seig^r ambassadeur, soit le thrésorier et tous aultres auxquelz appartiendra au nom de son Al-tesse par les présentes corroborées, pour foy et tesmoi-gnage, de nostre seaux secret auec la signature de nos-tre secrétaire d'etat le 28e de juillet l'an de grace cour-rant 1598.   A^us à Montenach

SIG. COMMUNITATIS FRIBURGI.

IX.

29 octobre 1609.

Mariage entre Jean-Baptiste Malarmay, comte de Rossillon et dame Hélène Ferdinande Maillard fille de Mre Prosper Maillard comte de Tournon.

Archiv. de la famille. N° 172.

Au nom de Dieu soit. l'an de grace 1609, la 7e indition et le 29e jour du mois d'octobre faict et passé dans la cité de Turin au palais de S. A. SS^me et chambre où ont accoustumé manger les SS^mes Infantes, en assistance de SS^mes seig^r Victor Amédée prince de Piémont et des SS^me princes Emanuel Philibert et Thomas et en présence d'Eccell^me seig^r. D. Sigismond d'Est marquis de Lans chevalier de l'Ordre de l'Annonciade Mes^re Prosper de Genève, m^is de Lullin... gouverneur au duché d'Aoste et cité d'Ivrée, de Mes^re Claude de Rie m^is de Dogliani... gouverneur au duché de Chablais, Ternier..., etc., a tous qu'il appartiendra soit notoire... comme ayant esté le bon vouloir... et consentement de SS^me seig^r monseig^r Charles Emanuel par la grace de Dieu duc de Savoie etc. nostre seigneur et duc pourparlé et traité mariage d'entre noble J. B. fils de noble Jean de Malarmey, de Launay, de Besançon comte de Rossillion etc. et dame Philiberte Demherch, et demoiselle Hélène Ferdinande de Maillard dame d'honneur dès SS^mes Infantes et fille, de Mes^re Prosper de Maillard, etc., et de dame Philiberte de Beaufort... s'est constitué en propre personne ledit noble Jean de Malarmay... lequel... promet... dès le soir des futures nopces la somme de 4,000 écus faisant la valeur de

12,000 francs... lesquels 4,000 ecus de revenu... ledit seig^r constitue... à son fils... et aussi pour donner auxdits futurs époux... quelque honorable titre... dict et déclare... qu'il donne à son dict filz la comté de Rossillon et revenu d'icelle, lequel revenu... sera compris en la somme de 4,000 ecus annuels... Et d'autre part... ladite dame Philiberte de Beaufort comtesse de Tournon tant à son propre nom que de celuy du seig^r comte son mari absent... a donné et constitué en dot... de la susdite Hélène Ferdinande sa fille et espouse dudit seig^r J. B^{te} de Mallarmey ici présent... à scauoir la somme de dix mille escus d'or d'Italie... à paier ainsi... que s'ensuit.

Premièrement ayant pleu... à S. A. (1) et ainsi qu'elle a accoustumé faire aux dames qui sortent espouses de la Court, donner à ladite dame Héleine... la somme de 4 mil escus d'or d'Italie et ce le soir que par ledit sieur... espoux sera emmené ladite future espouse de la ville de Rumilly en Savoie pour la conduire en Bourgogne, ladite dame comtesse promet lui faire paier et déliurer 4 mil escus savoir, deux des donnés par S. A. et deux des constitués par elle des 6 mil. susdits ;

Une année après promet aussi luy faire paier... 4 autres mille escus... et les autres deux mille restants... l'auront à paier après le décès dudit seig^r comte de Tournon son mari et que pour le paiement des 4,000 escus d'or donnés par S. A..... ladite dame comtesse en a remis et remet présentement lesdites patentes de don...

Pour les aultres 6 mille elle a obligé... hypothèque tous et vn chascun les biens droits et seigneuries dudit seig^r comte de Tornon son mari...

(1) Le mandat de paiement est en date du 14 novembre 1612 ; l'époux y est appelé le sieur de la Croix, gentilhomme français.

X.

Ordre de S. E. pour la levée d'ung quartier pour le seruice de S. A.

Le marquis de Lans cheuallier de l'Odre de S. A. gouuerneur et lieutenant général pour icelle deçà les montz.

Estant requis et tres necessaire ensuitte du commandement qu'auons de S. A. de mettre sur pied quelques gentz de guerre tant de pied que de cheuaux pour la deffence et conseruation de ses estatz que la sinistre volonté et perfidie de quelque ministre du Roi d'espagne vouldroient injustement et mal à propos s'emparer, ce que ne se peult faire sans despence A quoy ne le pouvant suppléer les deniers extraordinaires qui se lèuent en ce pays et pour obuier aux désordres qu'en telle leuée pourroient faire les soldatz a la foulle et ruine du peuple pour leurs licentieux desportementz à ce faire nourrir et fournir touttes choses à leur plaisir et commodité le seul moien soit de payer lesdictz soldatz et faire comme il est raisonnable qu'ilz payent leurs hostes de leur despence par tout là ou ilz passeront et logeront comme se pourra faire par le moien de la prompte leuée d'ong quartier de taille ordinaire qui sera facillement payé par tous les subiecz de sadicte Altesse deçà les montz pour l'entretien desdictz gentz de guerre pour ladicte leuée et jusques a ce que ladicte leuée destinée soit entièrement sur pied pour passer dela les montz et sera ledict quartier supporte plus justement et esgallement que ne se pourroit faire par contribution, A ceste cause avons commandé et commis par ces presentes a

tous les juges majes de tout cest estat de faire que tous
les chatelains officiers scindicz et communiers de leur
ressort que promptement ayent a exiger ledict quartier
de taille ordinaire et icelluy payer entre les mains
scauoir les prouinces de Sauoye Maurienne et Tarentaise de mes^re Jean Baptiste Garnerin qu'à ces fins
auons commis et député pour recepueur dudit quartier,
en Geneuois et Faucigny a ceulx qu'à ces fins commet-
tront les juges majes desdits lieux, en Chablais en celle
du commis du s^r tresorier general et a Ternier et Gal-
liard en celle de Pierre Picollet lequel auons de mesme
commis pour recepueur dudit quartier,.. Donné au
chasteau de Montmélian ce 20e janvier 1615.

Sigismond d'Est.   R^ta BRUNO

Soussig. GISLAND.

XI.

11 janvier 1621.

Contrat dotal de Henri de Maillard et de
Charlotte Emmanuelle D'Urfé.

Au nom de Dieu... A tous presants et avenir soit notoire que l'an de grace courant 1621 et le jour 11ᵉ du mois de janvier... par deuant moi Jean Reguibert notaire royal... sont establis... haut et illustre seigʳ mesʳᵉ Henry de Maillard mⁱˢ de Sᵗ Damien et Pallier comte de Tournon baron de Bochet et Montagni seigneur de Charansonay... fils de feu seigʳ mesʳᵉ Prosper de Maillard... d'une part et damoiselle Charlotte Emanuelle Durfé fille de feu mesʳᵉ Cristofle Durfé en son vivant comte des comtés du Pont de Veyle et de Chatillon... d'autre. Lesdites parties sages et bien auisées... ont fait et font entr'eux les promesses de mariage constitutions, donations... que s'ensuiuent.

Premièrement, en contemplation duquel mariage ladite damoiselle Charlotte Emanuelle Durfé s'est constituée elle-même ensemble tous et chacun ses biens... audit mesʳᵉ Henri de Maillard... et spécialement... les droits et actions qu'elle peut auoir sur lesdits comtés du Pont de Veyle, de Chastillon et en outre la somme de 20.000 ducatons effectifs, laquelle somme... ledit seigʳ marquis de Verromey et Beaugé promet paier en son propre et privé nom pour les droits paternels de ladite demoiselle Durfé dans sept ans... et jusques à ce... promet... pendant lesdites 7 années et à la fin de chacune d'icelles paier le iuste reuenu... à raison de 6 pour

9

cent... Constituée en personne ladite dame Diane de Chateaumourand, laquelle de son bon gré... et consentement dudit seig^r marquis de Verromey son mari... pour tesmoigner davantage l'amitié qu'elle a toujours portée à ladite damoiselle... a constitué et constitue en augmentation de la dot.. la somme de 5,000 ducatons effectifs... desquels elle lui fait donation...

Dauantage s'est constitué et estably en personne ledit messire Henri de Maillard... futur espoux lequel... a donné en augment de dot la somme de 12,500 ducatons effectifs.....

Comme aussy suiuant les mêmes coutusmes du pays de Sauoye... luy a donné et donne... la somme de 5,000 ducatons aussy effectifs de joyaulx et bagues... Et pour plus grande asseurance... ledit seig^r marquis de St Damien a affecté et ypothéqué tous et ung chascuns ses biens... et specialement... la terre et baronnie du Bochet... ensemble la terre et seigneurie de Montagny...

Faict et passé au chasteau dudit Beaugé présentz noble et spectable François de Montfalcon cons^r de S. A. R. sénateur au Sénat de Sauoye.....

GAILLARD.

XII.

19 décembre 1629.

Vente faite par le sʳ marquis de Sᵗ Damien (Henri Maillard) *au prouffict de S. A. R.*

L'an mil six centz vingt neufz et le 19 de decembre par deuant moy notaire ducal s'est personnellement establye généreuse dame Charlotte Emanuelle Durphé marquise de Sᵗ Damiens et Verromey etc. Laquelle en qualité de procuratrice speciale de messire Henri de Maillard marquis de Sᵗ Damien comte de Tournon baron du Bochet etc. a forme de la procure, etc. a vendu à noble sʳ Jean Devoley conseiller de S. A. et son procureur patrimonial en Sauoye présent et pour sadite A. acceptant assauoir les biens et pieces de terre situes proche la ville de Rumilly apartenantes audict sʳ marquis auctrement confines et speciffies dans le proces verbal et estimation faicte par deuant le seigˢ marquis auditeur de Rochefort conseiller de sadite A. surintendant general de ses fabriques et fortifications deça les montz, le 3ᵉ decembre et 7ᵉ mesme mois signes par ledict sʳ de Rochefort et Grinjon scribe a quoy lon aura relation si besoing est. Le tout aussy mentionne dans ladicte procure, entrees sorties apartenences et despendences quelconques a iceulx biens auoir tenir jouyr gaudir et posséder par Sdite A. comme bon lui semblera. Et laquelle vente ladite Dame en la susdite quallite a faicte pour et moyennant le pris et somme de douze mil quatre centz florins monnoye de Sauoye a quoy lesdicts biens ont esté estimés par les proudhommes conuenus par deuant ledit s^r de Rochefort Laquelle somme ledit s^r patrimonial promet paier en la susdite quallité audit s^r marquis ou es siens dans trois moys prochains venantz a l'obligation de tous les biens de sadite A.

Faict et passé a Chambery dans le chateau en la salle ou habite ledit s^r marquis en présence de spectable Antoine Cochet aduocat au Senat (1) et de Me Estienne Troccut de St Rambert habitant auec ledit s^r procureur patrimonial tesmoings. Ayantz signes au pied de ma minutte Charlotte Durphe. Devolley. Cochet et Troccut tesmoings Et moy notaire ducal procureur au Senat et bourgeois de Chambery sousigné recepuant requis.

DJERETIS.

---

(1) C'était l'homme d'affaires du marquis de St-Damien.

XIII.

22 août 1630.

Testament de damoiselle Jacqueline de Chauvirey épouse de Alphonse de Maillard.

Au nom de Dieu. En l'an 1630 et le 22 du mois d'août par devant moi François Domenge notaire royal et bourgeois de Chambéry... s'est establie en personne dame Jacqueline fille de feu seig[r] Amè de Chauvirey, baronne de Chatelard femme de hault et puissant seigneur Alphonse de Maillard baron de Tournon laquelle saine d'esprit... quant à son corps elle veult iceluy estre porté et inhumé à l'église Ste Marie de la présente ville au tombeau de feue Margueritte du Chatellard son ayeule... ses aultres biens meubles immeubles droicts noms et actions que ladite dame testatrice a, peut auoi[r] et appartenir de la terre jusqu'au ciel, elle institue de sa propre bouche et nomme son héritier uniuersel et particulier le seig[r] Alphonse de Maillard dict de Tornon... faict et pro noncé à Chambéry dans la maison des hoirs de Me Alexandre Ducrest où habite ladite dame testatrice en la présence de honorable Pierre fils de feu honorable Pierre Noël orphèvre audit Chambery honorable Hugues Bontemps maître tailleur honorable Jehan Ganlin maître fourbisseur...

XIV.

1632. — 29 octobre.

Testament de Mes^{re} Henri de Maillard, fils de Prosper.

L'an 1632 et le 29e jour du mois d'octobre Mes^{re}
Henry de Maillard... a fait et ordonné son dernier testament comme s'ensuit. Premièrement... veut et ordonne... son corps être inhumé dans l'eglise paroissiale
de cette ville Rumilly Ste Agate dans sa chapelle au
tombeau de feu Mes^{re} son père et les prédécesseurs, les
obsèques être faites à la discrétion de Mme sa femme ; a
fait, créé institué et de sa propre bouche nomme son
héritier uniuersel, a scauoir Mes^{re} Charles Chretien
de Maillard son fils aîné et auenant qu'il vienne a mourir sans enfants mâles il luy substitue vulgairement
pupillairement et par *fideicommis* a scauoir Mess^{re}
Victor Amédée son 2e fils et avenant etc... il leur substitue... Mes^{re} François Mauris son 3e fils et auenant... il
leur substitue... Mes^{re} Joseph de Maillard son 4e fils et
auenant... il leur substitue... D^{lle} Catherine Françoise
de Maillard sa fille et auenant aussi que ladite catherine Françoise de Maillard vienne à mourir sans enfans
soit masles ou filles... il veut et ordonne que ladite fille
tienne place de masle et n'ayant aucun enfant... iceluy
seig^r testateur leur substitue vulgairement... a scauoir
Mes^{re} Alphonse de Maillard son frère et auenant... il
luy substitue... dame Hélène de Maillard comtesse de
Rossillon sa sœur et auenant... il luy substitue... D^{lle}
Claude Françoise de Maillard veufue de noble Salomon

de Murat, luy vivant seigneur de La Croix et auenant...
il luy substitue... D^{lle} Claire Marie de Maillard sa sœur
veufue de noble Gabriel Guillet luy vivant seig^r de
Monthoux et auenant... il luy substitue... dame Marguerite de Maillard sa sœur marquise de St Germain...
voulant et entendant que dame Charlotte Emanuelle de
Durfé sa chère et bien aimée femme soit maîtresse et
usufrutuaire de tous... ses biens.

Item donne et legue... par droit de legat... auxdits
mes^{res} Victor Amédée, Maurice et Joseph ses trois enfants puinés à chacun d'eux la somme de 500 florins...
par le moyen desquels il priue et dejette sesdits 3 enfans susnommés de tous et un chacun ses biens...

Item donne et legue... par droict de legat... à ladite
demoiselle Catherine Françoise de Maillard sa fille...
2,000 ducatons de sept florins pièce pour son dot et
mariage... par le moyen desquels 2,000 ducatons prive
et deiette ladite dem^{lle}... de tous ses biens...

Item donne... a honorable Jean Guenebaud de Mascon son page... la somme de 100 ducatons de 7 florins
pièce... pour une fois...

Item... laisse entre les mains et puissance de ladite
dame Charlotte de Durfé sa femme... la somme de 4,000
pistoles d'or desquelles elle se charge... et en rendre...
compte audit Mes^{re} Charles Chretien son fils et héritier
sus nommé... et concernant les bagues, joyaux et argenterie... veut et entend que sadite femme en jouisse...
à condition qu'elle ne les pourra aliener...

Fait et passé à Rumilly dans la maison dudit seig^r
testateur présents noble François de Pesieu baron de
Salagine et Vilette capitaine d'une compagnie de gensdarmes, noble Charles de Chauane lieutenant de la
compagnie de cavalerie dudit seig^e testateur... specta-

ble Antoine Couchet avocat au Senat, spectable Pierre Besson docteur en médecine, Mes^re Jean Gros procureur au Senat et spectable Guy Estiot docteur en médecine, bourgeois d'Annecy et témoins par ledit seig^r testateur connus requis et appellés..

XV.

27 février 1643.

Pour Damoiselle Claude Françoise de Maillard Dame De la Croix et le sieur capitaine De la Croix. S. A. R. leur fait don des laoudz et ventes qui luy peuuent estre deubz occasion de la vente et subastation qui se fera des terres et seigneuries du comte de Tornon et baronnie du Bouchet... en considération des fidelz seruices dudit seig^r De la Croix son filz.

Chrestienne sœur du Roy tres chrestien Duchesse de Sauoye Reyne de Chipre mère et tutrice de serenissime Charles Emanuel... et regente de ses estaz. Desirant tesmoigner à la Dame De la Croix et au sieur de De la Croix son filz cappitaine d'une compagnie cauallerie dans l'esquadron de Sauoye et nostre gentilhomme ordinaire combien les longz seruices qu'il a rendu a cette Royalle Maison et ceux qu'il continue d'y rendre a nostre entière satisfaction nous sont aggreables, et l'estime particulière que nous faisons de la personne et merittes de ladite dame De la Croix, en leur faisant ressentir les effects de noz liberalites pour donner à l'un et à l'autre plus de moien de subsister dans ledict seruice en attendant de leur laisser des plus grandes marques de nostre souuenir et bonne vollonté a leur endroict. Par ces présentes de nostre certaine science... auec l'assistance de Mes^{res} les Princes Maurice et François-Thomas mes beaux frères... nous auons fait et fait et faisons à ladicte Dame Claude Françoise de

Maillard Dame De la Croix et a noble Sigismond de
Murat sieur De la Croix son filz plain et liberal Don et
remission des Laoudz et vendz qui nous sont et peuuent
estre deubz occasion de la vente et subhastalion qui se
fera des terres et seigneuries du comté de Tournon et
Baronnie du Bouchet a présent tenus et possedez par la
dicte Dame De la Croix et des rentes et rural en des-
pendantz et ce jusques à la somme de deux mille ducattons effectifs.

Donné à Turin le 27 février 1643.

CHRESTIENNE

XVI

8 novembre 1647.

« *Affranchissement d'hommage taillable passé par haulte et puissante dame Charlotte d'Urfé en faveur d'Anthoine l'aisné, d'Anthoine le jeusne et Jacques Burdin frères, de Faramans, paroisse de Sales.*

Comme ainsy soit que Georges fils de feu Jean Burdin, de Faramans, paroisse de Sales, aye recogneu l'hommage liege et taillable a toutte misericorde en faveur d'hault et puissant seigneur mre Prosper de Maillard comte de Tournon et baron du Bochet, a cause de sa rente procédé de Montprovain entre les mains de Me Armand Bavoz notayre et dernier renovateur et commissaire du dit seigneur le 16e novembre 1586 et auparavant par Jean fils de feu Amblard Burdin père du dit Georges en faveur de feu hault et puissant seigneur Messire Emmanuel de Maillard entre les mains de Me Claude Ponet pour lhors notayre et commissaire renovateur des dites extentes et precedement desia pour le dit Jean Burdin en faveur de noble Jean d'Orlié lhors seigneur du dit Montprovain entre les mains de Me Jean Delacroix pour lhors notayre et commissaire des dites extentes. De quoy ayant esté plainement informés Anthoine l'aisné, Anthoine le jeusne et Jacques frères enfants de feu Aymé fils du dit feu George Burdin considérant n'y avoir rien en ce monde de si cher entre les humains que la liberté et franchise, par conséquent abhorrer et avoir en haine de se voir subiect astrainct et lié au dit hommage liege et

taillable a toutte misericorde par vigueur des dites re-
connaissances passées par leur ayeul et bisayeul c'est ce
qui leur auroit donné subiect et occasion de prier comme
ils prient haulte et puissante dame Charlotte Durfé
veuve d'hault et puissant seigneur Henri de Maillard
vivant marquis de St Damyan fils du dit... Prosper
de Maillard... de les voulloir affranchir et libérer du
dit hommage liege et taillable a toutte misericorde et
les mettre en plaine libertée et aucthorité et puissance
eulx et les leurs et toutte leur postérité et tous des-
cendants par droicte ligne jusques a l'infini de disposer de tous leurs biens et droicts quelconques tant en
testament que dehors. Et inclinant la dite haulte et
puissante dame a la dite prière : à cette cause ce jour-
dhy huitième jour du mois de novembre 1647... s'est
establie en sa personne la dite... Charlotte d'Urfé laquelle tant en son nom qu'aux noms comme mère et
qualité de tutrice et administration iudiciellement de-
crettée des personnes et biens des nobles seigneurs fils et
du dit... henry de Maillard son mary enfants pour
lesqueles elle se faict forte... A Affranchis, libérés et
exemptés perpetuellement et irrévocablement et au
meilleur mode que se puisse de droit interpreter... les
dits... Burdin... et leur postérité... a l'infini... du
dit hommage liege taillable à toutte misericorde leur
donnant plain pouvoir aucthorité et puissance de faire
et disposer de tous leurs biens et droicts quelconques
présents et futurs tant en testament que dehors, cassant
et revoquant... pour raison du dit hommage liege taillable à toutte miséricorde tant seullement, demeurant
pour le surplus du contenu en icelles [reconnaissances]
force et vigueur. Et le tout pour la somme de six pis-
tolles d'Espagne d'or et de poids heuës et receuës par la

la dite dame... et dont elle se contente... serment par elle presté entre les mains de moy notaire...

Faict et passé à Rumilly dans la maison de Mᵉ Henry Duchesne bourgeois du dit Rumilly, chastelain de la baronnie du Bochet. »

(Extrait des minutes de Mᵉ Claude Dufour,
notaire ducal à Rumilly).

XVII

1656. — 16 décembre.

Testament de dame Charlotte Emmanuelle Durfé
veuve de mess *Henry de Maillard.*

Au nom de la très saincte et indiuidue Trinité... soit
notoire... que l'an de grace courant 1656 et le 16ᵉ jour
du mois de décembre après midy, par deuant *paul hoste*
notaire tabellion royal et gardenotte heritaire du *pont de*
Veyle en Bresse fut présente en personne haulte et puissante dame, Dame Charlotte... laquelle... estant en
plaine santé de corps et d'esprit... eslizant sa sépulture en la chappelle fondée en l'église Notre Dame dudᵗ
pont de veyle on laquelle elle veult estre ensepulturée le
plus dignement et honnorablement que faire se pourra...
elle oblige ses heritiers... de faire dire et célébrer...
150 messes...

Item ladᵉ dame testatrice donne... et par droit de legat... delaisse à sœur françoise Aymée de Tornon sa
fille, religieuse aux dames de sᵗᵉ marie, oultre ce qu'elle
luy a baillé, assauoir la somme de 300 liures... et c'est
pour tous droicts noms... et du résidu de ses biens la
déjectant et excluant...

Item... donne... oultre l'institution cohéréditaire
après escripte, à hault et puissant seigʳ Victor Amédée
de Maillard de Tornon son fils... la moytié, indiuise
pour l'aultre moytié, auec hault... seigʳ messᵉ Charles
chrestien de Maillard son fils aisné, de toutes les prétentions qu'elle peut auoir... sur la terre de Virieu le
grand à cause de sa légitime...

Item elle luy legue en particulier tous ses meubles linges or et argent desquelz elle se treuuera saisie à son decez...

Item lad° dame testatrice donne... et oultre l'institution cohereditaire après escripte, à hault et puissant... mes° françois Mauris de Maillard de Tornon son 3e fils... toutes ies actions, droicts... que luy compétent... tant aux biens et hoyrie de dame marie Durfé sa sœur, que encores sur les biens que luy doibuent arriuer comme aisnée de sa maison de l'hoyrie et biens de Dame marie de la forest de Grisse sa mère... pour par led^{ts} seig^r Victor Amedée de Tornon et François Mauris de Tornon les exiger retirer et demander...

Finalement... donne à charles fils de s^r paul hoste marchand drappier et bourgeois dud^t pont de veyle son filieu la somme de 150 liures.

Au résidu... a faict, créé, nommé de sa propre bouche et veut estre ses heritiers uniuersels assavoir les d^{ts} Charles Chrestien son fils ainé, Victor Amédé son fils puisné et françois mauris son 3e fils chascun pour une tierce partie et portion égale...

Faict leu et releu aud^t pont de veyle en la chambre haulte de la maison du not° royal soubsigné presentz venerable personne Me Claude Gonod... curé dud^t lieu, spect^{le} Me Claude de s^t loup docteur en droict juge ordin^e ciuil et criminel du comté... s^r dominique Abellion recteur du collège de la présente ville hon^{te} Jean Tiret cordonnier... tesmoings requis... Ainsi est *signé* Charlotte Durfé, Gonod...

hoste not° royal.

XVIII.

25 avril 1681.

Infeudation du mandement d'Alby en titre de marquisat
au comte de Tournon Victor Amé de Maillard.

(Patentes de Savoie 1681-1682. — Vol. n° 53. Pag. 58.)

Victor Amé II par la grace de Dieu duc de savoye
etc.... A tous ceux qui ces presentes verront salut les
sentiments de bonté que nous avons pour nos subiectz
de savoye nous ont convié de redoubler nos soingz dez
nostre maïorité pour les soulager, nous leur en avons
voulu donner une nouvelle preuve dans la conclusion
de nostre mariage avec la serenissime Infante de Por-
tugal et vendre plustost nostre domaine que de souffrir
quilz s'épuisent pour concourir aux despenses qui nous
sont Indispensables dans une occasion si considerable,
ou il s'agist de nostre gloire et de nostre grandeur, a cest
effet nous avons ordonné par nostre edict du 19 9bre 1680
de proceder a ladᵉ vente de nostre domainne de genevois
et faucigny Jusques à la concurrence de 108000 ducatons pour estre employés aux despences de nostre mariage
et attendu que la vente de nostre mandement d'Alby
situé riesre le genevois a esté fixé au 17 mars 1681
comme par autre exploit du 12 mars et la derniere mise
seroit resté a nostre tres cher bien ámé et feal conseiller destat gentilhomme de nostre chambre mareschal de camp
dans nos armées et viador general de nos troupes milices
et gentz de guerre Victor Amé de Malliard comte de
Tournon marquis de st Damien et de pallieres, Baron
de Coufignon soit a mᵉ Anthoine demotz son agent pour

la somme de 9044 ducattons. estant bien et dheuement informé de la valleur du revenu dud^t mandement se montant annuellement à la somme de 450 florins ainsi qu'il conste par le bail a ferme du 7 may 1676. ... Nous avons infeudé vendu et donné, vendons Infeudons donnons lad^e terre et mandement d'alby aud^t marquis de tournon tant moyennant lad^e somme de 9044 ducattons qui est le prix de la dernière enchère lequel sera payé entre les mains de nostre tresorier general de là les montz.... qu'encore en consideration des services considerables que led^t marquis de st Damien a rendu à ceste couronne en qualité de capitaine dans l'escadron de savoye, cornette et lieutenant des archers et ensuite de colonel d'un régiment d'Infanterie et gouverneur de nostre chasteau de nice et qu'il rend a présent en lad^e qualité de Veador général de ça les montz que ceux que le marquis de st Damien son pere a rendu a ceste couronne en qualité de mareschal de camp gen^l et Lieutenant general de la cavalerie de savoye et de ceux que les Comtes de tournon messire Prosper et Pierre de Malliard chevallier de l'ordre et gouverneur de savoie ses ayeuls et bisayeuls ont rendus en diverses ambassades et autres employs dans lesquelz ilz ont esté obligés de supporter des despences extraordinaires et considerables, et par ces causes donnons, cedons, quittons, remettons et Infeudons aud^t marquis et à ses descendans successeurs quelconques ou ayant cause de luy ledict mandem^t terre, fief et Jurisdiction d'Alby parroisses et ameaux en dépendans generalement tous les pres, bois, montagnes, pasqueages, aupeages, peages, corvées, layde, cours d'eau, avec tous droictz de peche et de chasse de la maniere qu'en peuvent Jouir et Jouissent les plus privilégiés vasseaux de noz estatz, hommes, hommages, fidélité, fiefz, greffes, Jurisdiction, haute moyenne et basse et tous exercices de Justice avec pouvoir d'establir Juge, procureur d'office, greffier, chastellain, curial, sergent, metral et autres officiers de Justice Inferieurs et generalement tous les droicts de patronage ecclesiastique et autres a nous appartenans à l'occasion dudᵗ mandement d'alby sans nous rien reserver sauf le droict de souveraineté, les personnes des nobles, leurs maisons, et pourpris d'icelles le tout à la forme de l'edict d'alienation du domaine.... Promettant en parolle de prince et de bonne foy de maintenir audᵗ marquis le susdᵗ mandement et biens a luy vendus Et d'autant que nous voulons gratifier ledᵗ marquis et luy tesmoigner l'estime que nous faisons de sa qualité de sa personne et le long souvenir qui nous reste de ses longz et fidelles services, nous avons erigé et erigeons ledᵗ mandement en tittre et dignité de, marquisat avec le droict dy pouvoir faire eriger fourches patibulaires et piloris de mesme que ceux qui sont érigés dans les autres marquisatz de nos estatz.... si donnons en mandemᵗ a nos tres chers bien amés feaux conseillers les gens tenanz nostre chambre des comptes de savoye de verifier et Interiner les présentes.... Donné a turin le 25 avril 1681.

Victor Amédée.

Vᵃ Simeone pro domᵒ cancelloᵒ Vᵒ Granery Rᵒ Carron scellé a sceau pendant. Contresigᵉ de lescheraine.

XIX.

24 août 1688.

Testament de mes^re Charles Chrestien de Maillard.

Je Charles Chrestien de Maillard de Tournon, marquis de s^t Damien Baron du bochet, de la ville de
Rumilly certifie a tous qu'il appartiendra.... voulant
disposer de mes biens..... ai fait mon testament....
et disposé de mes biens et facultés ainsi que s'ensuit
premieremt ie veux.... que mond^t corps soit ensevely
dans l'eglise parrochiale de la présente ville à la place
et tombeau des seig^rs mes prédécesseurs qu'est dans la
chapelle ioignante le *sancta sanctorum* du coté du
levant....

Item ie donne et legue aux R^ds pères capucins de la
présente ville de Rumilly la somme de 100 flor. scavoir
50 fl. pour dire des messes et les autres 50 applicables
à ce qu'ils iugeront plus à propos....

Item ie donne et lègue à la dévote confrérie du s^t
sacrement fondée en la présente ville aussi pour une
fois la somme de 100 flor. scavoir 50.... pour dire des
messes pour le repos de mon ame et les autres 50 fl.
applicables à des réparations....

Item ie donne.... a illustre dame marguerite fille de
feu mes^re francois de Pesieu et d^elle Claudine de Blonay
mariés, ses père et mère, ma très chère.... femme, la
petite chambre à coté de la cuisine de ma maison size
en la présente ville rue du grand lac avec tous les meubles.... avec la petite chambre qui est entre la sale de
mad^e maison et lad^e cuisine, aussi comme elle se trou-

vera meublée.... Item ie donne.... à mad⁹ dame....
toute la vaisselle d'étain qui se trouvera dehors de mes
coffres.... comme aussi la petite vaisselle d'argent de
laquelle nous nous servons présentem⁺.... comme aussi
la lingerie.... nappes serviettes draps.... Item ie donne
.... a mad⁹ dame.... tous les livres qui se trouveront
au petit garderobe .... la remerciant de sa bonne et
fidèle compagnie laissant l'usufruit à lad⁹ dame.... de mes
moulins qui sont tant dans la présente ville que dehors
.... de mes vignes d'hauteville, les louages de mad⁹
maison.... comme aussi du pré du langey.... et même
du pré ramu....

Item je donne et legue à hon^ble francoise fille de feu
hon⁹ pierre burin bourgeoise de Rumilly la somme de
100 florins pour une fois avec son habitation aux chambres ioignantes la crotte et archives de ma maison où sa
mère est morte et c'est pour sa vie naturelle durant, je
lui donne encore tous les meubles que j'ai en chautagne.

Item ie donne... a mes^re Victor Amed de Maillard
m^is de tournon gouverneur et Lieut⁺ gen^l de la province
de nice, mon cher frère auquel.... je substitue mes^re
felix Emmanuel de Maillard m^is d'Alby son fils aîné
mon cher neveu tous les biens que ï ay en Bresse
.... et en outre toute la vaisselle d'argent et d'étain qui
est dans mes coffres a condition pourtant que mond⁺
frère fera la fondation à notre chapelle qui est dans
l'eglise parrochiale dud⁺ Rumilly.... etant lad⁹ fondation de la somme de 120 pistoles d'espagne.... de
plus ie charge mond⁺ cher frere de paier annuellem⁺ au
s^r curé de massingy.... la somme de 24 flor.... et
c'est pour le service qui se fait en nôtre chapelle fondée
en l'eglise parrochiale de massingy....

Et parceque le chef et fondement de tout testament

consiste en l'institution de l'héritier universel.... Je fais.... et ordonne mon héritier universel ascavoir mes^re Victor Amed de Maillard m^is de Tournon.... mon cher frère....

fait aud^t Rumilly ce 24e aoust 1688.

Charles Chrestien de Maillard.

Du Bosson notaire.

Signé de Chavanes — De Dalmaze de Marchand — De Richard — De Bracoran — Chevrier — Dufoug — Marcoz.

XX.

4 décembre 1749.

Testament du Comte Antonio Alfieri di Cortemiglia,
père du poète Victor Alfieri.

Nel nome del sig nostro Gesù Christo Corrente
l'anno.... 1749, la 12ª indiz^e ed alli 4 del mese dicem-
bre alle ore 10 di notte in *Asti* et nella stanza attigua al
salone verso la casa del sig. medico Argenta....

Ad ognuno sia manifesto che.... l'Illmo sig c^{te} Antonio Alfieri di Cortemiglia del fù sig c^{te} Gaspar Emmanuel della prest^e città.... ha.... risolto mentre
ritrovasi sano di mente.... sebben da infermità corpo-
rale in letto giacente di fare il pres^e suo ultimo testamento....

Fatto che sara il suo corpo cadavere.... vole le sia
data sepoltura nella chiesa de' PP. e convento di S. Fran-
cesco.... precedenti le pompe funebri convenienti....
incaricando l'infras^{to} sig. suo figliolo.... di farli celebrare
.... messe nº 2000.... ciuoé 500 nella chiesa cattedrale
.... et le altre 1500 in quelle chiese.... che meglio
stimerà il sig cav^e Guiseppe Alfieri suo fratello.

Più ha legato e lega alla d^a sig^a cont^a Monaca Ma-
rianna sua consorte.... L. 500 annue.... oltre li suoi
alimenti, stando in casa d'esso sig^r testatore o pure in
casa dell Illmo sig m^{se} Ant^o Alessandro Cacherano suo
et del fu Illnio sig^r m^e Alessandro Pio Cacherano figlio
.... con ciò che coabitando col d^o sig^r march^e cessi
l'obligo di d^i alimenti.... e passando a terze nozze non
sara più d^o sig^r suo figlio tenuto pagarli tal annua
pensione....

Più dᵒ sigʳ testatore.... instituisce sua erede parti-
colare l'Illma sigᵃ Giulia Gabriela sua e di dᵃ sigᵃ contᵃ
figlia.... nella somma di L. 20000 di piemonte oltre
il.... fardello.... ed in caso venisse la medᵃ sua figlia
a monacarsi cedera dᵃ dote al.... suo erede universale,
mediante.... che questo le paghi.... sua dotazione al
monastero.... faccia tutte le spese che saranno necessa-
rie.... ed in questo caso di monacazione lega esso sig
testator a dᵃ sigᵃ sua figlia L. 200 annue.... oltre ladᵃ
sua dote e fardello....

  In oltre dᵒ sig testatore ha dichiarato.... che essendo
presentemente dᵃ contessa sua consorte gravida.... ove
venghi a dar alla luce una o più figlie, ha quella o
quelle instituito sua erede o eredi particolari nella somma sudᵃ di L. venti milla.... con il fardello quale....
quanto della sudᵃ madamigᵃ Giulia Gabriela dovria essere
di L. cinque milla.... e in caso che.... venissero a
monacarsi.... dᵒ sigᵉ suo erede sarà tenuto pagarli la
dote solita.... col suo fardello.... oltre il livello an-
nuo di L. 200. In caso poi che venisse dᵃ sᵃ contᵃ a
partorire uno o più figli.... ha dᵒ sigʳ testatᵉ legato....
L. 1000 annue da pagarsi.... dopo però che avrà com-
pito li anni 14 et sino che starà pupillo obliga.... suo
erede di provederli in casa.... li alimenli induinenti et
ogni altra cosa necessaria....

  Più ha dᵒ sig testatore legato.... a donna Rosa
eletta monaca nel monastero di s. Anastasio di questa
città sua sorella L. 100.... per una volta tanto....

  Più ha légato.... L. 15.... per caduno dè suoi
domestici.... che sono in nᵉ di 12.... più lega alla
nutrice di dᵒ suo figlio et erede.... L. 15.... per una
volta tanto....

  Ed in tutti gli altri suoi beni.... nomina in suo erede

universale l'Illmo sig Vittore Amedeo suo et di d^a lllma sig^a cont^a sua consorte figlio legitimo.... ed attesa l'infantil età di d^o sig^r suo figlio et erede.... provede di tutore in persona dell Illmo sig Cav^e Guiseppe Alfieri gerosolomitano, fratello d'esso sig testatore

Antonio Alfieri di Cortemiglia

4 X^{bre} 1749.

Codicillo.... al testamento dello stesso giorno .... In caso di morte dell Illmo sig c^{te} Vittorio Amedeo suo unico figlio.... sia in età pupillare.... sia senza prole.... in tal caso chiama e sostituisse al med^o.... Illmi sig Cavⁱ Guis^e e Gio Alfieri suoi diletmⁱ fratelli.... E per dimostrare la singolare stima che ha verso l'Illma sig^e contessa Giulia Alfieri sua sig. madre.... lega.... quello dei mobili che più li piacera.... in casa, del valore però non superiore di L. mille.... etc.

Gidella not^o.

ADDITION.

« M. Dufour place à l'année 1300 la première indication d'un membre de la famille *Maillard* ; je n'en ai moi-même pas rencontré d'antérieur au quatorzième siècle. Cependant M. Croisollet, l'auteur de l'*Histoire de Rumilly*, a dit, page 74, que *cette famille s'établit à Rumilly dès le* xiie *siècle.* Il ajoute qu'une de ses branches alla se fixer en Suisse avec les comtes de Romont, et que ce fut un *de Maillardo* qui commanda en chef l'armée du *Sunderbund* en 1847.

On trouve au Pouillé de l'église de Genève, p. 62 et 187, un Jean Maillard, chanoine de Saint-Pierre de cette ville. »

CORRECTIONS.

Page 15, note, au lieu de 1548, *lisez* : 1458.
— 19, ligne 2, au lieu de Charles, *lisez* : Charles I
— 32, ligne 20, au lieu de inctinants, *lisez* : inclinants
— 61, dernière ligne, *ajoutez* : ou Chouvirey.
— 82, ligne 17, au lieu de Marie-Berthe, *lisez* : Marie Berthé.
— 108 ligne 5, au lieu de non *lisez* : nom.

TABLE DES MATIÈRES

Documents.

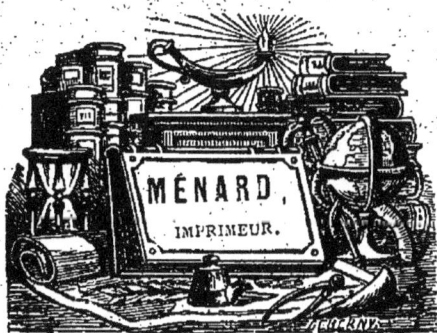

MÉNARD,
IMPRIMEUR.